Diedrich | Stalingrad 1942/1943

Kriege der Moderne

Herausgegeben vom Zentrum für Militärgeschichte und Sozialwissenschaften der Bundeswehr

Torsten Diedrich

Stalingrad 1942/1943

Reclam

Zentrum für Militärgeschichte und Sozialwissenschaften der Bundeswehr, Fachbereich Publikationen (0842-01)

2018, 2023 Philipp Reclam jun. Verlag GmbH,
Siemensstraße 32, 71254 Ditzingen
Umschlagabbildung: Süddeutsche Zeitung Photo / Scherl –
Gefangene deutsche Soldaten vor dem Getreidesilo in Stalingrad,
das besonders hart umkämpft war, Winter 1943
Druck und Bindung: Firmengruppe APPL, aprinta druck GmbH,
Senefelderstraße 3–11, 86650 Wemding
Printed in Germany 2023
RECLAM ist eine eingetragene Marke der
Philipp Reclam jun. GmbH & Co. KG, Stuttgart
ISBN 978-3-15-011162-8

Auch als E-Book erhältlich

www.reclam.de

FSC www.fsc.org MIX Papier | Fördert gute Waldnutzung FSC® C004592

Dieses Buch wurde klimaneutral gedruckt.

Alle CO_2-Emissionen, die beim Druckprozess unvermeidbar entstanden sind, haben wir durch ein Klimaschutzprojekt ausgeglichen.

Nähere Informationen finden Sie hier:

Klimaneutral
Druckprodukt
ClimatePartner.com/14058-1912-1001

Inhalt

↗ Soldaten der Roten Armee kämpfen im Stahlwerk »Roter Oktober« in Stalingrad, Oktober 1942.

1 Der lautlose Tod

Es ist Nacht in der zerstörten Halle des Stahlwerkes »Roter Oktober«. In einer Ecke glimmen die Reste von Balken, die sich bei den Angriffen deutscher Sturzkampfbomber am Vortag entzündet hatten. Brand- und Leichengeruch schwebt über den Trümmern. Tote Soldaten liegen in den Ruinen, gestorben im Hagel der Bomben oder gefallen beim folgenden Angriff deutscher Stoßtrupps. Die Schreie eines Verwundeten sind inzwischen verstummt. Ist er tot oder haben ihn Kameraden bergen können? Nun hocken deutsche Infanteristen den die Halle verteidigenden sowjetischen Soldaten im Dunkeln gegenüber. In ihre Deckungen gekauert, versuchen sie Ruhe und etwas Schlaf zu finden, bevor der Wahnsinn im Morgengrauen wieder losgeht. Ein Kampf um jeden Meter steht ihnen bevor. Überall lauert der Tod. Die Männer sind erschöpft, bangen um ihr Leben und haben Angst vor schweren Verletzungen. Alle hoffen auf Verstärkung. Werden ihnen die Kameraden beistehen können, werden sie gerettet werden? Wann endlich wird dieses Abschlachten ein Ende haben?

Doch nicht alle ruhen. Nahezu lautlos arbeiten sich zwei dunkle Gestalten durch Stein- und Metalltrümmer voran, Zentimeter um Zentimeter, ihre Gewehre in Planen gehüllt. Ihre Gesichter sind rotbraun wie Rost oder Ziegelmehl und wirken entschlossen. Sowjetische Scharfschützen! Sie schieben sich in eine erhöhte, vorgelagerte Position. Lautlos bezieht der eine Stellung, bringt sein Gewehr in Anschlag. Unter der Plane lugt ein Zielfernrohr hervor, doch es ist noch nicht an der Zeit, dieses zu enthüllen. Die Jagd beginnt erst, wenn es wieder hell wird. Vorsichtig tarnt sich der Soldat mit Trümmern, einer Decke, mit Staub und Schmutz. Der andere beobachtet, wie sein Kamerad mit der Umgebung verschmilzt, bis er nicht mehr erkennbar ist. Zuletzt weist die Hand mit dem Handschuh auf eine Stelle, an der der Zweite nun in Stellung geht. Auch er ist bald unsichtbar geworden. Beide werden einander Deckung geben oder bei Bedarf gezielt die Aufmerksamkeit der Gegner wechselseitig auf sich ziehen. Sie haben das oft geübt, bei der Scharfschützenausbildung im Werk »Lasur« und später in den umkämpften Fabriken. Jeder Fehler kann den Tod bedeuten.

Das könnte eine Szene aus einem der vielen sowjetischen Spielfilme über die Schlacht um Stalingrad aus der Nachkriegszeit sein. Sie könnte aber ebenso gut aus der zeitgenössischen sowjetischen Frontpropaganda stammen. Die Konstruktion von Heldenfiguren war eine wesentliche Aufgabe der sowjetischen Propaganda, die Soldaten und Bevölkerung im Kampf gegen die deutschen Eroberer zu motivieren hatte. Ihre Popularisierung nach dem Krieg bildete einen wichtigen Beitrag zur Prägung des Mythos von der »unbesiegbaren« Sowjetarmee. Tatsächlich aber sind solche Szenen in den Häuserkämpfen der Schlacht hundertfach vorgekommen und haben den Charakter dieser Kämpfe wesentlich mitbestimmt. Doch folgen wir dem Geschehen zunächst weiter:

Als der Morgen dämmert, wird es lebendiger in den Hallen. Vereinzelt huschen Schatten umher. Es sind Melder, die Befehle für den kommenden Tag übermitteln, und Soldaten, die Verpflegung und Wasser in die vordersten Reihen bringen. Die dort Eingesetzten müssen nach der strapaziösen Nacht wieder zu Kräften kommen, um die Hallen endgültig zu erstürmen oder aber das eroberte Terrain mindestens in der Hand zu behalten. In der Morgendämmerung rückt Ersatz heran, frische Stoßtrupps, die dem Angriff neue Kraft geben, bzw. Verteidiger, die standhalten oder den Kampf wenden sollen. Zu dem Brand- und Leichengeruch gesellt sich trotz der Kälte Schweiß – Schweiß der Anstrengung beim Vorwärtsrobben, Schweiß der Angst vor dem Kommenden. Kaum merklich setzen sich auch die Scharfschützen in Bewegung. Vorsichtig werden die Gewehrmündungen freigelegt, das Zielfernrohr entblößt. Die Optik tastet nun die gegenüberliegenden Trümmer ab. Die Schützen sind bemüht, keinen Lichtschein auf das Objektiv fallen zu lassen, damit nicht Spiegelungen ihren Standort verraten. Die Meister der Tarnung und des Anschleichens haben ihr Handwerk gelernt und spähen nach einem lohnenden Ziel. Offiziere, Artilleriebeobachter und Melder werden bevorzugt beschossen, ebenso Proviantgänger, denn ohne Verpflegung sinkt die Moral der Kämpfenden.

Ein deutscher Soldat arbeitet sich kriechend voran, hinter sich mehrere Kochgeschirre ziehend und doch bemüht, kein Geräusch zu machen. Sein Gesicht ist rot vor Anspannung, aber auch vor Angst. Der Soldat sieht schmutzig und alt aus, dabei hat er das zwanzigste Lebensjahr noch nicht überschritten. Sein älterer Kamerad ist deutlich hinter ihm zurückgeblieben. Ist das Absicht, Erfahrung oder Instinkt? Noch hat er die eigene vordere Linie nicht erreicht, auch wenn die Kameraden in ihrer Deckung bereits zu erkennen sind. Der Junge weiß, dass unbedachte Bewegungen tödlich enden. Die Furcht vor sowjetischen Scharfschützen ist in den deutschen Reihen allgegenwärtig. Zu oft haben sie zugeschlagen und Schrecken verbreitet. Doch der Tod ist meist lautlos und schnell, präzise wie ein Chirurg. Das ist vielleicht besser, als von Granaten zerfetzt oder von Maschinengewehren zerschossen zu werden. Aber wer will denn wirklich sterben? Alle hoffen und beten zu Gott, er möge sie in dieser Hölle verschonen, auch wenn mancher bereits seinen Glauben verloren hat.

Der Scharfschütze hat den kriechenden Soldaten bemerkt. Er wägt ab, ob das Ziel lohnend und ein sicherer Treffer möglich ist. Es gilt, das eigene Versteck nur preiszugeben, wenn die Jagd Erfolg verspricht. Sein Adrenalinspiegel steigt, der angepeilte Deutsche erscheint im Fadenkreuz, hebt nur leicht den Kopf, der Finger am Abzug krümmt sich. Mit Gewichten haben sie in der Ausbildung das Abdrücken ohne Verreißen der Waffe geübt. Gehör und Blick schärfen sich, der Schütze ist voll auf seinen Gegner als namenloses Ziel fixiert, moralische Zweifel gelten nicht. Töten ist sein Handwerk. Mit einem trockenen Klacken, der Mündungsfeuerdämpfer verschluckt den Knall, verlässt das Projektil den

Lauf und bohrt sich in die Stirn des Proviantgängers, der zusammensackt. Der Stadtkampf hat ein weiteres Opfer gefordert. Lautlos rollt sich der Schütze aus seiner Deckung und verschwindet hinter den Trümmern, ehe noch ein gegnerisches Maschinengewehr (MG) oder eine Granate sein Versteck erreichen kann. Der zweite Schütze bleibt regungslos liegen und wartet ab, manchmal Stunden oder Tage, ohne sich zu bewegen. Scharfschützen sind Einzelkämpfer, sie führen ihren eigenen Krieg – die Jagd in den Trümmerbergen von Stalingrad.

Die Wirkung von sowjetischen Scharfschützen wie Wassilij Saizew oder Nikolai Ilin war immens, auch wenn nur ein geringer Teil der deutschen Soldaten, die in den Kämpfen um Stalingrad starben, von ihrer Hand fiel. Ihre Zunft, der auch Frauen wie Ljudmila Pawlitschenko oder Tanja Tschekowa angehörten, erzeugte große Furcht bei den deutschen Infanteristen. Ilin brachte es laut offizieller Bestätigung auf 185 erschossene deutsche Soldaten und gehörte damit zum Kreis der »Edelschützen« mit mehr als 40 tödlichen Treffern. Saizew war einer der Ersten,

Wassilij Saizew bei der Ausbildung von Scharfschützen 1942

die durch die sowjetische Militärpropaganda, wie in der Armeezeitung *Zur Verteidigung unseres Landes*, zum Helden stilisiert wurden. Wegen seines Erfolges erhielt er den Auftrag, in den Ruinen der chemischen Fabrik »Lasur« eine Scharfschützenschule aufzubauen. Bald berichtete die Zeitung täglich über die besten Schützen und zählte deren Treffer. So machte man die Einzelkämpfer in der Roten Armee und der Bevölkerung bekannt, ihre Taten wurden bereits im Krieg zum Mythos.

Plakat des Films *Enemy at the Gates* mit Jude Law und Joseph Fiennes aus dem Jahr 2001

Der umstrittene Kinofilm *Enemy at the Gates* von Regisseur Jean-Jacques Annaud aus dem Jahr 2001, der das deutsch-russische Duell zweier Scharfschützen in den Ruinen von Stalingrad thematisierte, setzte Saizew ein weiteres Denkmal. Der Film erzählt wie das zugrundeliegende Buch von David L. Robbins *War of the Rats* (1999) aus sowjetischer Perspektive und reduziert, so die Kritik, das Grauen und massenhafte Sterben dieser Schlacht auf ein Duell zweier Spezialisten. Saizews Duell mit einem deutschen Major König ist allerdings historisch nicht belegt. Die Geschichte entstammt wohl eher der sowjetischen Propaganda und sollte den Heldenmut der sowjetischen Soldaten befördern. In der Russischen Föderation stieß besonders die Einstiegsszene, die ein ›Verheizen‹ der sowjetischen Soldaten im Kampf um die Stadt zeigt, auf heftige Kritik.

Die Schlacht von Stalingrad war eine der grausamsten und blutigsten des Zweiten Weltkriegs. In der russischen Erinnerung lebt sie als heroischer Sieg über das »faschistische« Deutschland und als Wende im Zweiten Weltkrieg fort. Aber war dem wirklich so? War Stalingrad die Wende im Deutsch-Sowjetischen Krieg, hätte die Schlacht bei anderem operativem Verhalten der Wehrmacht gar gewonnen werden können? Das soll anhand der politischen Hintergründe, des Kriegsbilds und des Kräfteverhältnisses zwischen den Kontrahenten sowie des Kriegs- und

Schlachtverlaufs in diesem Buch untersucht werden. Die großen Opferzahlen verdeutlichen zudem die brutale Kriegführung auf beiden Seiten, die von Adolf Hitler und seinen Heerführern mit dem Überfall auf die Sowjetunion im Zuge ihres verbrecherischen Eroberungs- und Vernichtungskriegs ausgegangen war. Die Radikalität und Rücksichtslosigkeit auf diesem Kriegsschauplatz hatten massenhaft Gewalttaten gegen Soldaten, Kriegsgefangene und Zivilisten zur Folge, wobei die aktive wie passive Unterstützung des Völkermordes an den Juden durch die Wehrmacht besonders zu betonen ist.

Aber hat das, was die historische Forschung eindeutig belegt, auch ins kollektive Bewusstsein und in die Erinnerungskultur Eingang gefunden? Ganz offensichtlich wird die Erinnerung an die Stalingrader Schlacht bis heute von zahlreichen Mythen und Legenden bestimmt. Immer noch pflegen verschiedene Interessengruppen Bilder der »sauberen« Wehrmacht, bis heute erscheint die 6. Armee in Deutschland in dem verbrecherischen Weltanschauungskrieg des Nationalsozialismus vielen eher als Opfer denn als Täter.

↗ Die deutsche Wochenschau propagiert den siegreichen Feldzug gegen die Sowjetunion, 14. August 1941.

2 Wozu ein Krieg gegen die Sowjetunion?

Als das Deutsche Reich am 22. Juni 1941 die Sowjetunion überfiel, stand Hitler scheinbar im Zenit seiner Macht. Die Wehrmacht beherrschte große Teile Europas, und die im deutschen Volk tief empfundene »Schmach von Versailles« schien getilgt. Rassenideologie und militärische Erfolge hatten bei vielen Deutschen nationalistisch-chauvinistische Auffassungen verstärkt. Ein Gefühl der nationalen Selbstüberschätzung war in Deutschland weit verbreitet. Nichts schien den deutschen Soldaten aufhalten zu können.

Doch Hitler und seine Heerführer hatten einen Zweifrontenkrieg begonnen. Ein solcher war dem Deutschen Reich bereits im Ersten Weltkrieg zum Verhängnis geworden. Zwar musste sich Großbritannien auf dem europäischen Festland vorerst geschlagen geben, aber sein Widerstand gegen die deutsche Expansion blieb bestehen. Hitlers Versuche, im Sommer 1940 die deutsche Luftherrschaft über die britische Insel zu gewinnen und die Briten mit Bomben zum Frieden zu zwingen, waren zudem gescheitert. Die Invasion der Insel, das geplante »Unternehmen Seelöwe«, erwies sich ohne Luftherrschaft über dem Ärmelkanal als nicht durchführbar. Auch auf ein Einlenken der Briten und einen Frieden im Westen hoffte Hitler vergebens. Selbst aus Übersee kamen Drohungen. US-Präsident Franklin D. Roosevelt bezeichnete Deutschland, Japan und Italien als Feinde der USA. Warum also der Krieg im Osten?

Hitlers Rassen-, Raub- und Expansionskrieg gegen die Sowjetunion

Im Spätsommer 1940 war in Hitler angesichts dieser Situation ein wahnwitziger Plan gereift. Er glaubte, nun endlich seinen Traum von der Eroberung des »Lebensraums im Osten« realisieren zu können. Deutschland hielt die Sowjetunion sowohl im Hinblick auf deren militärische Schlagkraft als auch aufgrund der unterdrückten Völker für einen Koloss auf »tönernen Füßen«. War es nicht möglich, sie in einem Blitzkrieg in die Knie zu zwingen? Mit der Kornkammer der Ukraine und den Ölfeldern im Kaukasus, so hoffte Hitler, würde Deutschland dann die materielle Basis für eine langfristige Kriegführung gegen das widerstrebende britische Empire zur Verfügung stehen. Zudem liebäugelten Hitler und die Wehrmachtführung mit der Idee, östlich des Schwarzen Meeres weiter in Richtung Iran auf der einen und von Nordafrika über Ägypten auf der anderen Seite vorzustoßen, um das Herrschaftsgebiet des Britischen Empire im Nahen und Mittleren Osten zu bedrohen.

Damit nahmen Hitlers Ostfeldzug, der Plan eines »germanischen Völkerzugs« nach Osten und eines »Glaubenskriegs gegen Bolschewismus, Judentum und Slawen«, konkrete Formen an. Doch Hitlers Russlandbild war ideologisch stark verzerrt. Neben der auch in Westeuropa anzutreffenden Unterschätzung der inneren, wirtschaftlichen und militärischen Kraft der Sowjetunion verfälschte die »rassenbiologische Schwächediagnose« sein Urteil. Er meinte, das jüdische Volk sei zu schwach, um einen eigenen Staat zu bilden. Deshalb unterwandere es andere Völker und entnationalisiere sie durch rassische Durchmischung, was in Russland bereits geschehen sei. In Hitlers Augen waren »Juden-

NS-Propagandaplakat aus dem Jahr 1941. Mit dem »Kreuzzug gegen den Bolschewismus« sollte Europa unter »die Flügel« des deutschen Adlers kommen.

herrschaft« und Bolschewismus identisch, die Russische Oktoberrevolution hielt er für ein Werk des »Judentums«.

Den Krieg gegen seinen »Weltfeind Nr. 1« stellte sich Hitler anders vor als die vorangegangenen Feldzüge. Das Unternehmen »Barbarossa« wollte er nicht allein als Kampf der Waffen führen, sondern auch als rassenideologischen Vernichtungskrieg, um den »jüdischen Bolschewismus« auszurotten. Ministerialbeamte, Wissenschaftler, Generalstabsoffiziere, Diplomaten und Industrielle planten im Auftrag Hitlers ein »Großgermanisches Reich deutscher Nation«. Unterschiedlichste Ansätze wurden dabei verfolgt, konkrete Festlegungen blieben aber aus. Nach den kühnsten Vorstellungen sollte es sich von der Atlantikküste bis zum Ural erstrecken. Als sein Kern galten neben Deutschland auch Teile Frankreichs und Westeuropas, im Osten Böhmen und Mähren (Tschechien) sowie Polen. Diesem Reich sollten die Reichskommissariate »Norwegen«, »Ukraine«, »Ostland« (Baltikum, Weißrussland), »Moskowien« und »Kaukasien« als Protektorate zugeordnet werden. Der Ural war als Grenze zum dann noch verbleibenden russischen Staat gedacht. Die eroberten Rohstoffe der Sowjetunion gedachte Hitler für den »Endkampf« im »Weltblitzkrieg« gegen Großbritannien und die USA und später für die Vormacht eines von Deutschland dominierten »Groß-Europa« zu nutzen.

Die von Hitler veranlassten und von der Wehrmachtführung umgesetzten »Richtlinien für die Behandlung politischer Kommissare«, kurz:

»Kommissarbefehl« genannt, vom 6. Juni 1941 und der »Erlass über die Ausübung der Kriegsgerichtsbarkeit im Gebiet ›Barbarossa‹ sowie über besondere Maßnahmen der Truppe« (Kriegsgerichtsbarkeitserlass) vom 13. Mai 1941 waren verbrecherisch. Beide Befehle verstießen bewusst gegen das Völkerrecht. Der Kommissarbefehl wies an, Politkommissare der Roten Armee nicht als Kriegsgefangene zu behandeln, sondern ohne Verfahren zu erschießen. Gemäß dem Kriegsgerichtsbarkeitserlass konnten Straftaten von Zivilpersonen gegen die Wehrmacht in den Ostgebieten ohne Kriegsgerichts- oder Standgerichtsverfahren mit der Todesstrafe geahndet werden. Flüchtende Personen waren unverzüglich, Verdächtige auf Befehl von Offizieren zu erschießen. Übergriffe von Wehrmachtsangehörigen gegen die Bevölkerung im Besatzungsgebiet wurden von der Strafverfolgung ausgenommen. Das größte Verbrechen und der Kern des Kriegführungsplans war aber Hitlers Auftrag an den Reichsführer-SS, Heinrich Himmler, die »jüdisch-bolschewistischen« Bevölkerungsteile durch SD- und SS-Einsatzgruppen im besetzten Gebiet ermorden zu lassen. Damit wurde der Ostfeldzug bereits von Beginn an als verbrecherischer Vernichtungskrieg geplant.

Die sowjetische Kriegs- und Außenpolitik unter Stalin

Stalin hingegen hatte gehofft, die Sowjetunion aus dem europäischen Krieg vorerst heraushalten zu können. Nachdem seine Versuche, Nichtangriffsverträge mit den Westmächten zu schließen, gescheitert waren, entschloss er sich, den Stier bei den Hörnern zu packen. Am 24. August 1939 ließ er den »Hitler-Stalin-Pakt« unterzeichnen. Bis zuletzt hielt er stoisch an diesem Nichtangriffspakt in der Überzeugung fest, Deutschland werde keinen Zwei-Fronten-Krieg wagen, sondern sich erst Richtung Osten wenden, wenn Großbritannien besiegt sei.

Nicht, dass Stalin keine Eroberungsabsichten verfolgte. Der Diktator wollte die im Ersten Weltkrieg verlorenen Gebiete zurückholen, und der Nichtangriffspakt ermöglichte der Sowjetunion, das Baltikum sowie die ostpolnischen Gebiete zu besetzen. Außenminister Wjatscheslaw Molotow forderte im November 1940 in Berlin zudem die Ausweitung des sowjetischen Einflusses auf Südosteuropa, die Türkei und den Nahen Osten. Doch Stalin wusste auch, dass die Rote Armee trotz hoher Rüstungsproduktion und innerer Veränderungen einer modernen Kriegführung, wie sie die Wehrmacht in Europa und Afrika anwandte, nicht gewachsen war. Er veranschlagte weitere zwei Jahre, um die Rote Armee technisch und im Hinblick auf das taktisch-operative Verhalten für die moderne Kriegführung zu wappnen. Stalin wollte verhindern, dass die Sowjetunion in den Krieg hineingezogen würde, bevor die »imperialistischen Mächte« einander zerfleischt hätten. Dann, so hatte Stalin schon 1925 betont, würde die Sowjetunion »als Letzte auftreten, um das entscheidende Gewicht in die Waagschale zu werfen«.

Gewaltige Veränderungen prägten das Land. Die Kollektivierung der Landwirtschaft in den 1930er Jahren trieb Millionen Bauern in die Städte und schuf so die Voraussetzungen für eine groß angelegte Industrialisierung. Es entstanden Industriekombinate, eine Schwerindustrie, Retortenstädte und gewaltige Energiekombinate und Stauseen. Die Volkswirtschaft war zwar noch wenig effizient und produzierte zu Lasten des Konsums, doch bildete sie die Grundlage dafür, dass die Sowjet-

Die Rote Armee demonstriert auf dem Roten Platz in Moskau Stärke, doch noch war die stärkste Armee der Welt nur bedingt einsatzfähig. Konstantin F. Juon, *Parade*, 1941.

union in den 1940er Jahren ein gewaltiges Rüstungspotenzial entwickeln konnte. Allerdings kosteten Kollektivierung und Industrialisierung Millionen Menschen das Leben. Neben Hungersnöten war die Verfolgung von »Großbauern« und »Staatsfeinden« eine der Ursachen. Der »Große Terror« richtete sich 1937/38 gegen die Führungskräfte des Landes, gegen vermutete Staatsfeinde (Kulaken) und zugleich gegen ethnische Minderheiten. Insgesamt wurden etwa 1,5 Millionen Menschen verhaftet und 700 000 exekutiert. Millionen verschwanden in den Arbeitslagern der Glawnoje uprawlenije lagerej (›Hauptverwaltung der Lager‹, abgekürzt GULag), eine halbe Million Sowjetbürger wurden bis 1941 in andere Gebiete deportiert. Bis heute gibt es keine genauen Zahlen zu den Opfern der »Säuberungswellen«.

Im Umbruch befanden sich auch die sowjetischen Streitkräfte, denn die militärischen Führungseliten waren einerseits bevorzugte Opfer der politischen »Säuberungen«. Die Rote Armee verlor ihre kriegserfahrensten und kompetentesten Köpfe, so drei der fünf Marschälle, 13 der 15 Armeegenerale, 50 der 57 Kommandierenden Generale und 154 der 186 Divisionsgenerale. Andererseits ließ Stalin die Rote Armee deutlich ausbauen. 1941 standen 5,3 Millionen Soldaten unter Waffen, die Hälfte davon war an der Westgrenze der Sowjetunion stationiert. Weitere 12 Millionen konnten als personelle Reserve mobilisiert werden. Den extremen Armeeausbau begleitete eine beschleunigte materielle Aufrüstung, die allerdings eher quantitativ als qualitativ zu Buche schlug. Immerhin verfügte die Rote Armee 1941 über etwa 23 000 Panzer, 116 000 Geschütze und Granatwerfer sowie 13 000 einsatzbereite Flugzeuge. Damit besaß die UdSSR auf dem Papier die stärkste Armee der Welt. Doch die Streitkräfte waren nur bedingt einsatzfähig und sehr heterogen. Ihre Führung, ihr technischer Zustand und ihr schwacher Zusammenhalt eigneten sich nicht für die moderne Kriegführung. Das wusste auch Stalin.

Unternehmen »Barbarossa«

Die deutsche Militärstrategie setzte beim Überfall auf die Sowjetunion auf das Konzept des »Blitzkrieges« mit Panzerdurchbrüchen durch die Verteidigungslinien der Roten Armee, um dann schnell bis tief ins Hinterland des Gegners zu stoßen. Dabei sollten die gegnerischen Armeen und Divisionen durch große Umfassungsoperationen eingekesselt und zerschlagen werden. Der Vorstoß war auf der gesamten Grenzlänge geplant und sollte im Hauptstoß in der Einnahme der Hauptstadt Moskau gipfeln. Für den Feldzug war das Erreichen der Linie Wolga – Archangelsk vorgesehen. Ein wichtiger Planer des Ostfeldzuges war Generalleutnant Friedrich Paulus, den der Chef des Generalstabes des Heeres, Generaloberst Franz Halder, im September 1940 dafür in den Generalstab berief.

Der Überfall auf die Sowjetunion wurde von der Wehrmachtführung willfährig mitgetragen. Hitler räumte die Furcht vor dem Zweifrontenkrieg mit dem Argument aus, der russische »Bär« werde so schnell fallen, dass Großbritannien daraus kein Kapital schlagen könne. Die Niederlage des letzten »Festlanddegens« in Europa werde die Briten zum Friedensschluss zwingen. Doch vieles sprach gegen den Angriff. Seit 1940 war klar, dass der Wehrmacht im Kriegsfall eine zahlenmäßig überlegene Rote Armee gegenüberstehen würde, deren Ausrüstung mit modernen Waffen jedoch erst begonnen hatte. Um den Überfall erfolgversprechend erscheinen zu lassen, betonte das Oberkommando des Heeres (OKH), die Rote Armee besitze keine kompetente militärische Führung, während die Einheiten schlecht ausgerüstet und moralisch wenig motiviert seien.

Am Morgen des 22. Juni 1941 überfielen über 3 Millionen deutsche und mit ihnen verbündete Soldaten die UdSSR auf einer Frontbreite von 2130 Kilometern. Es war ein Überraschungsschlag ohne jede Kriegserklärung. Stalin hatte zwar die Masse seiner Armee zur Abschreckung an die Westgrenze verlegt, die Einheiten aber nur teilweise in Alarmbereitschaft versetzt. Der deutschen Luftwaffe gelang es noch am ersten Tag, das Gros der sowjetischen Luftwaffe am Boden zu zerstören und die Lufthoheit zu erringen. Drei Heeresgruppen stießen in Richtung Leningrad (heute Sankt Petersburg), Moskau sowie Kiew vor und drangen schnell tief in sowjetisches Gebiet ein.

Das Konzept des geplanten »Blitzkrieges«, die operative Führung mit dem verstärkten Einsatz moderner technischer Kampfmittel, schien aufzugehen. Die vier gut geführten deutschen Panzergruppen, unterstützt durch zielgenaue Luftschläge, durchbrachen immer wieder die Abwehrlinien der Roten Armee. Die nachfolgenden Infanteriedivisionen umzingelten die gegnerischen Truppen und fügten den sowjeti-

Tornio
Oulu
Umea
Bottnischer Meerbusen
Karelische A. (finn.)
FINNLAND
Petrosawo
Drontheim
NORWEGEN
Ladoga-see
Finn. Hauptkräfte
Bergen
HELSINKI
Leningrad
OSLO
SCHWEDEN
Finnischer Meerbusen
Hanko
Narva
Reval
Nowgorod
STOCKHOLM
Peipus-see
Ilmen-see
Pskow
Nordsee
Riga
Düna
Düna-burg
DÄNEMARK
KOPENHAGEN
Ostsee
Witebsk
18. A.
Pz.Gr. 4
Kaunas
Wilna
16. A.
Königs-berg
Danzig
Nord
Pz. Gr. 3
9. A.
Minsk
Hamburg
Bialystok
NIEDER-LANDE
Mitte
Weichsel
Pripjet-Sümpfe
Hannover
BERLIN
Posen
Brest-Litowsk
Elbe
Warschau
4. A.
Pz.Gr. 2
Pripjet
DEUTSCHES REICH
Köln
General-gouvernement
BEL.
Breslau
6. A.
Pz.Gr. 1
Rhein
Süd
17. A.
Lemberg
Lux.
Prag
Prot. Böhmen u. Mähren
Dnjestr
Stuttgart
Donau
SLOWAKEI
FRANK-REICH
München
Wien
UNGARN
3. rum. A.
11. A.
4. rum. A.
BERN
L.
BUDAPEST
SCHWEIZ
Graz
Pruth
Mailand
Venedig
ZAGREB
RUMÄNIEN
ITALIEN
Genua
KROATIEN
Belgrad
Serbien
BUKAREST
Cons

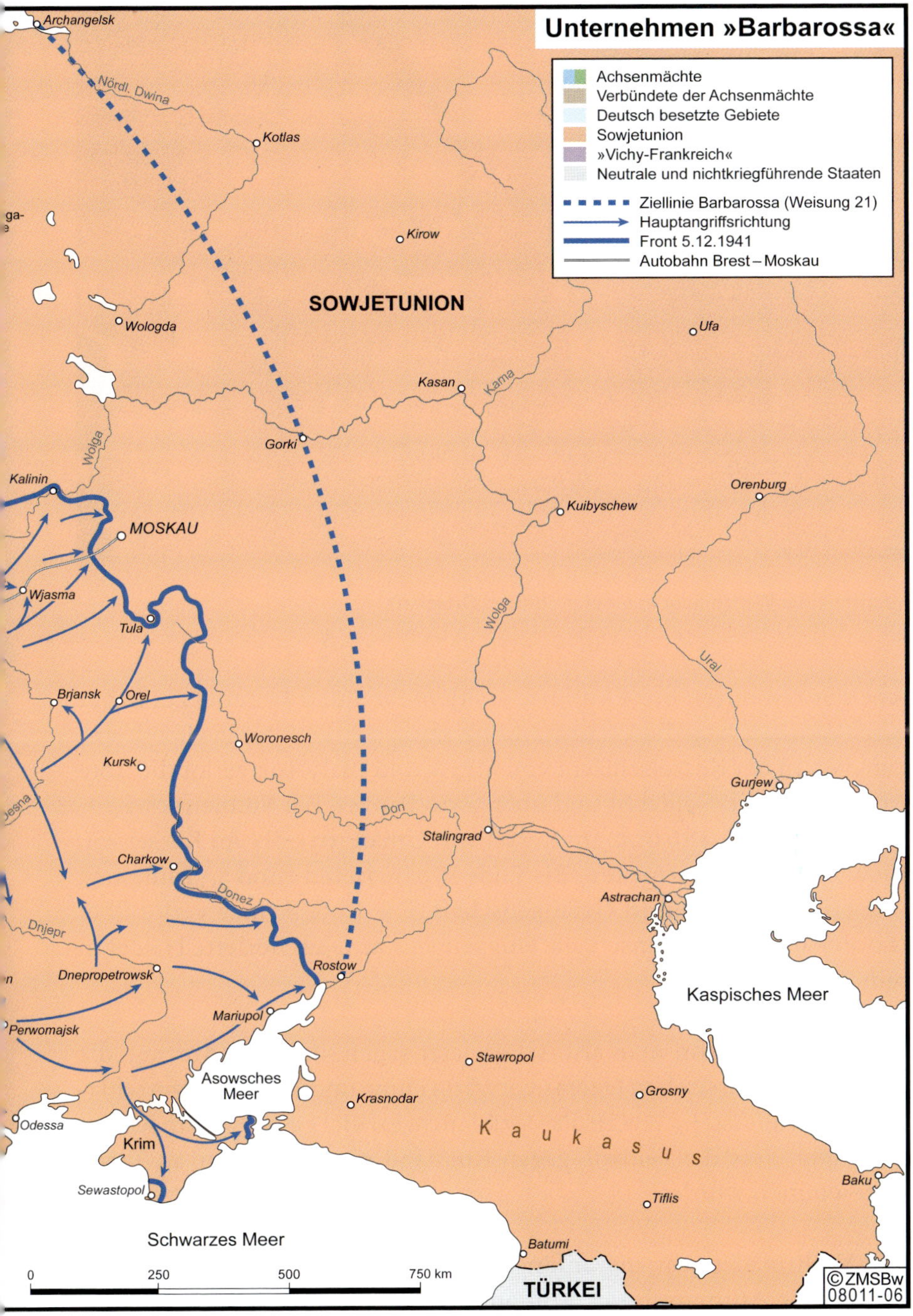

Unternehmen »Barbarossa«
Achsenmächte
Verbündete der Achsenmächte
Deutsch besetzte Gebiete
Sowjetunion
»Vichy-Frankreich«
Neutrale und nichtkriegführende Staaten
Ziellinie Barbarossa (Weisung 21)
Hauptangriffsrichtung
Front 5.12.1941
Autobahn Brest – Moskau
SOWJETUNION
Archangelsk
Nördl. Dwina
Kotlas
Kirow
Wologda
Ufa
Kasan
Kama
Gorki
Wolga
Kalinin
MOSKAU
Kuibyschew
Orenburg
Wjasma
Tula
Ural
Brjansk
Orel
Woronesch
Kursk
Gurjew
Don
Stalingrad
Charkow
Donez
Astrachan
Dnjepr
Rostow
Dnepropetrowsk
Kaspisches Meer
Mariupol
Perwomajsk
Stawropol
Asowsches Meer
Krasnodar
Grosny
Odessa
Krim
Kaukasus
Sewastopol
Baku
Tiflis
Schwarzes Meer
Batumi
0
250
500
750 km
TÜRKEI
©ZMSBw 08011-06

Infanterie der Wehrmacht in einer eroberten Ortschaft

schen Streitkräften hohe Verluste an Menschen und Material zu. In gut einer Woche drang die Wehrmacht bis zu 400 Kilometer ins Landesinnere vor. In der Kesselschlacht von Minsk und Białystok verlor die Rote Armee 420 000 Soldaten und über 3000 Panzer. Bei Smolensk betrugen die Verluste 486 000, im Kessel von Uman 103 000, im Kessel von Kiew 665 000 Rotarmisten. Bis Ende 1941 gerieten rund 3,3 Millionen sowjetische Soldaten in Gefangenschaft. Die Rote Armee verlor über 12 000 Panzer und ebenso viele Flugzeuge. Am 3. Juli notierte Halder in sein Kriegstagebuch:

> Im Ganzen kann man also schon jetzt sagen, dass der Auftrag, die Masse des russischen Heeres vorwärts Düna und Dnjepr zu zerschlagen, erfüllt ist. [...] Es ist also wohl nicht zu viel gesagt, wenn ich behaupte, dass der Feldzug gegen Russland innerhalb [von] 14 Tagen gewonnen wurde.

Der Wehrmacht war die anfängliche Überraschung gelungen. Zwar konnte der Aufmarsch des Millionenheeres nicht verborgen bleiben, zumal es Hinweise auf die deutschen Angriffspläne gegeben hatte, doch hatte Stalin allen Angriffsmeldungen keinen Glauben geschenkt. Er hielt stur an der vermeintlichen »Lebensversicherung«, dem Pakt mit Hitler, fest. Und er irrte sich gewaltig; der Überfall traf ihn wie ein Schock. Zum Zeitpunkt des Überfalls gab es keinen Oberbefehlshaber der sowjetischen Streitkräfte. Erst am 23. Juni 1941 schuf Stalin die »Stawka« (Stawka Werchownowo Glawnokomandujuschtschewo), das ›Hauptquartier des Kommandos des Obersten Befehlshabers‹. Wegen der immensen Verluste versuchte das Hauptquartier immer neue Divisionen auszurüsten und in die Schlacht zu schicken, um die Wehrmacht aufzuhalten. Diese neuen, oft schlecht ausgerüsteten und kriegsunerfahrenen sowjetischen Verbände hatten gegen die eingespielten Wehrmachtverbände zunächst kaum eine Chance.

Das Bild änderte sich jedoch bald. Die deutschen Truppen begannen, sich müde zu siegen. Oft gingen mehr Fahrzeuge durch Staub, der mit dem Beginn der regnerischen Jahreszeit zu Schlamm wurde, und fehlenden Nachschub verloren als durch Kampfhandlungen. Die Versor-

Die Grenzgarnisonen werden überrannt. Sowjetische Soldaten ergeben sich 1941.

gungswege wurden immer länger, die Verkehrswege immer schlechter. Und anders als in Frankreich lief der Gegner nach frustrierenden Erlebnissen nicht fort oder ergab sich. Vielmehr kämpften die sowjetischen Soldaten zäh um jeden Meter Boden ihrer Heimat. Die Sowjetunion brach nicht wie prophezeit zusammen, sondern führte immer neue Divisionen und Kriegsgerät heran. Der Verschleiß an Mensch und Material nahm auch bei der Wehrmacht bald dramatische Formen an; es mangelte überall an Ersatz.

Anfangs schien es, als könne die Sowjetunion unmöglich derart gravierende Verluste an Mensch und Material kompensieren. Doch sie schöpfte aus ihren unendlich wirkenden menschlichen und wirtschaftlichen Ressourcen im Hinterland. Kein Plan der Wehrmachtführung hatte die etwa 12 Millionen Reservisten in der UdSSR einkalkuliert; auch das Wirtschaftspotenzial hinter dem Ural war unterschätzt worden. Obschon die UdSSR von Kriegsbeginn bis Ende 1941 nur etwa 6300 Panzer neu produzieren konnte, stieg die Produktionszahl konti-

Erst Schlamm, dann Frost behindern den Vormarsch. Panzer I und Sonderkraftfahrzeuge 7 quälen sich auf einer unbefestigten Straße in den Weiten der Sowjetunion.

nuierlich an. Zudem hatte der Materialverlust einen innovativen Effekt. Veraltete Modelle mussten durch modernes Gerät ersetzt werden, womit zugleich die Kampf- und Feuerkraft der sowjetischen Einheiten wuchs. Am 11. August 1941 gelangte Halder zu dem Eingeständnis, dass »der Koloss Russland [...] unterschätzt worden ist. [...] Wir haben bei Kriegsbeginn mit etwa 200 feindlichen Divisionen gerechnet. Jetzt zählen wir bereits 360.«

Hitler und die Wehrmachtführung aber hielten an ihrer Überzeugung fest, die Sowjetunion werde die immensen Verluste nicht wettmachen können, ihr Zusammenbruch stehe kurz bevor. Im August 1941 verlagerte Hitler gar die Offensive von Moskau weg und in den Südosten hinein, um sich die Ukraine zu sichern. Zwar streckten im Kessel von Kiew 665 000 sowjetische Soldaten die Waffen, doch die Eroberung der ukrainischen Hauptstadt brachte keinen entscheidenden Vorteil. Die Operation »Taifun«, der Angriff auf Moskau aber, verzögerte sich. Als am 2. Oktober die Operation begann, verlor die Rote Armee in der Doppelschlacht von Wjasma und Briansk zwar erneut 673 000 Soldaten und fast 1300 Panzer. Zugleich aber wurde deutlich: Die deutschen Divisionen waren ausgebrannt, manche besaßen nur noch ein Drittel ihrer Waffen oder die halbe Kampfstärke. Schlamm, der beginnende Frost sowie der Mangel an Material, Treibstoff und Soldaten hatten den »Taifun« zum lauen Lüftchen werden lassen. Der deutsche Angriff kam wenige Kilometer vor Moskau zum Erliegen. Die Vernachlässigung des Nachschubs zeitigte deutliche Folgen.

Ein zweiter Faktor kam der Sowjetunion zu Hilfe. Mitte August hatte der sowjetische Agent Dr. Richard Sorge aus Japan nach Moskau gemeldet, dass sich das Tenno-Reich nicht gegen sie, sondern gegen die USA wenden werde. Stalin konnte daher 700 000 gut gerüstete und ausgebildete Soldaten aus Sibirien abziehen, um sie vor Moskau einzusetzen. Erstmalig seit Kriegsbeginn besaß die Rote Armee eine starke operative Reserve, die nun gegen die mit letzter Kraft anrennende Wehrmacht zum Tragen kam. Am 5. Dezember brachen 14 sowjetische Armeen gegen die total erschöpfte Heeresgruppe Mitte los. Den frischen Truppen hatten die abgekämpften deutschen Divisionen nichts entgegenzusetzen. Die Rote Armee drängte sie bis zum 7. Januar 1942 auf einem 1000 Kilometer breiten Abschnitt der Front bis zu 250 Kilometer nach Westen zurück.

Sowjetische Panzer auf dem Weg zur Schlacht vor Moskau Ende 1941

Die Gesamtlage an der Ostfront offenbarte, dass dem deutschen Heer die Voraussetzungen für ein siegreiches Ende des Feldzuges verlorengegangen waren. Hitler, der die Warnungen bezüglich der fehlenden Winterausrüstung und der notwendigen Auffrischung der deutschen Truppen in Winterstellungen in den Wind geschlagen hatte, fiel nun nichts Besseres ein als ein rigoroser Haltebefehl. Die Wehrmacht grub sich ein, wo sie gerade lag. Kommandeure, die taktische Rückzüge zur Frontbegradigung oder in operativ bessere Stellungen zuließen, wurden ihres Kommandos enthoben. Die Winterkrise erschütterte die Wehrmacht.

Hitler suchte einen Sündenbock und glaubte, ihn in Generalfeldmarschall Walther von Brauchitsch, dem Oberbefehlshaber des Heeres, gefunden zu haben. Er ließ Brauchitsch ablösen und machte stattdessen sich selbst zum Oberbefehlshaber des Heeres. Ende 1941 merkten viele Generale, dass ihre ursprünglichen Zweifel am »militärischen Genie« des Gefreiten aus dem Ersten Weltkrieg berechtigt gewesen waren. Zu Widerspruch fanden dennoch nur wenige den Mut. Hitlers rigoroses

Die Winteroffensive der Roten Armee 1941/42

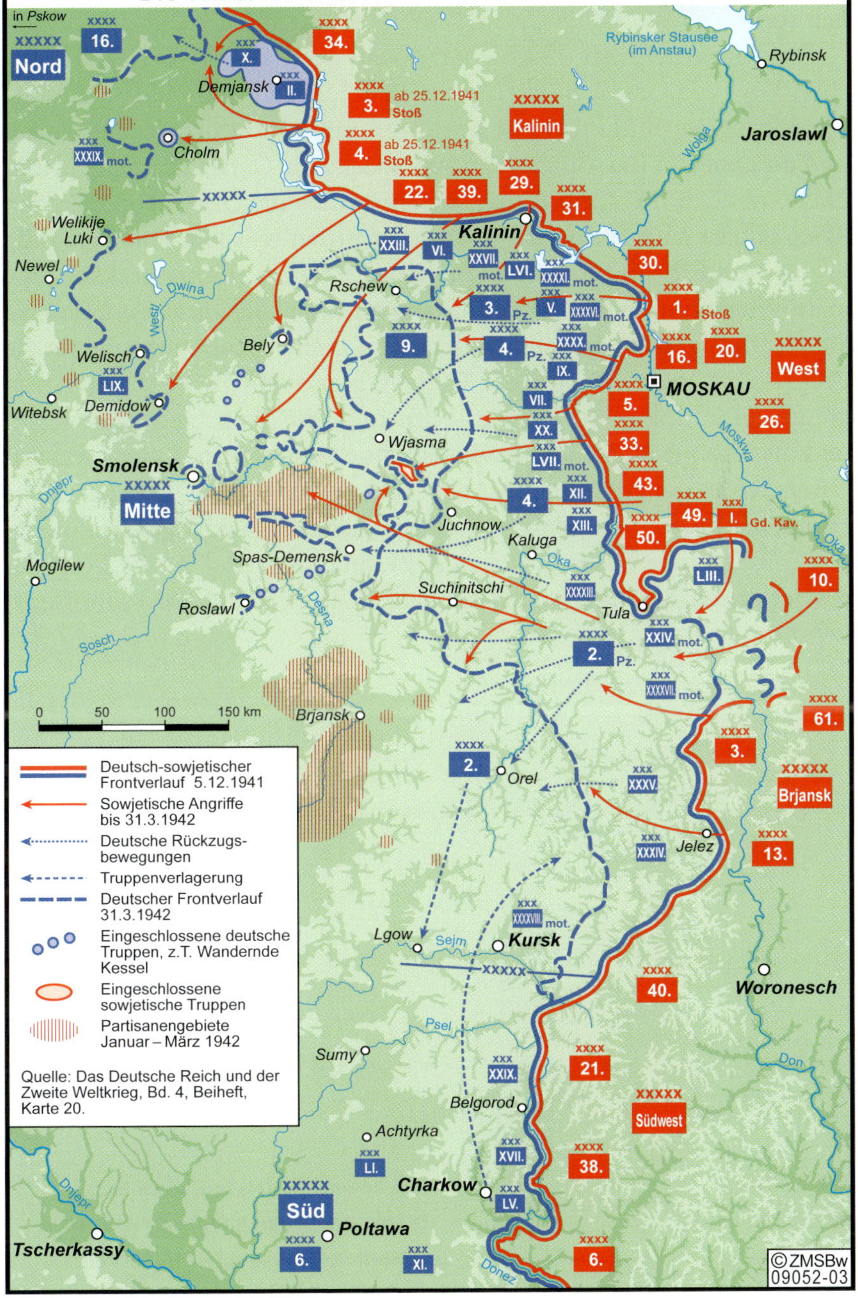

Durchgreifen gegenüber den Generalen dämpfte deren Entschlossenheit stark.

Das Unternehmen »Barbarossa« war gescheitert, und damit der »Blitzkrieg« gegen die Sowjetunion. Es folgte ein langwieriger Abnutzungskrieg gegen die UdSSR mit ihren unerschöpflichen materiellen und personellen Ressourcen. Zudem wuchs die Gefahr, dass die Briten und nun auch die Amerikaner, denen Hitler im Dezember 1941 den Krieg erklärt hatte, eine zweite Front eröffnen würden. Hitler und die Wehrmachtführung hatten das Deutsche Reich in eine prekäre Lage manövriert, aus der sie keinen Ausweg wussten. Sie versteiften sich auf die Hoffnung, dass sich die Sowjetunion mehr verausgabt habe als die Wehrmacht, weshalb sich die Rote Armee nicht mehr regenerieren könne. Eine Sommeroffensive sollte 1942 die Entscheidung bringen und die UdSSR in die Knie zwingen. Doch das »Dritte Reich« war zur Offensive an der gesamten Ostfront nicht mehr fähig. Daher beschloss Hitler, die Kräfte im Süden zu konzentrieren. Eine dortige Großoffensive mit dem operativen Konzept der Umfassung und Vernichtung der sowjetischen Truppen sollte der UdSSR ihr Öl und die Kampfkraft nehmen.

↗ **Der Marsch in den Tod. Sowjetische Karikatur *Metamorphose der deutschen Wehrmacht* von der Künstlergruppe Kukryniksy 1942**

3 Kriegsbild und Kontrahenten

Im Frühjahr 1942 standen sich an der Ostfront zwei schwer angeschlagene Gegner gegenüber. Beide hatten im Kriegsjahr 1941 schwere Verluste erlitten, beide hatten Schwierigkeiten, ihre Streitkräfte zu regenerieren. Und doch wollten Hitler und Stalin 1942 die Initiative, den Angriff und einen baldigen Sieg – das Deutsche Reich, weil es einen Abnutzungskrieg gegen den riesigen sowjetischen Staat nicht gewinnen konnte, die UdSSR, weil sie um ihr Überleben kämpfte.

Hitler fasste die Ziele ins Auge, die er schon 1941 anvisiert hatte – die Ölfelder des Kaukasus, die Wolga als Lebensader der UdSSR und die Rüstungsmetropole Stalingrad (heute Wolgograd). In Maikop, Grosny und Baku wurden 90 Prozent des sowjetischen Erdöls gefördert, und an der Wolga lagen große Industriezentren der Sowjetunion. Mit deren Eroberung hoffte Hitler, der Roten Armee die rüstungswirtschaftliche Grundlage zu nehmen. Er vermutete, die Sowjetunion werde die Erdölfelder mit allen Kräften verteidigen. Das würde der Wehrmacht ermöglichen, deren »lebendige Wehrkraft endgültig zu vernichten«.

Doch die Wehrmachtführung stand vor einem Dilemma. Alles, was sie gegen die UdSSR geplant hatte, war auf den »Blitzkrieg« fixiert. Ein Plan B fehlte. Es blieb nur, auf den militärischen und wirtschaftlichen Zusammenbruch von Stalins Reich zu hoffen. In dieser Zwickmühle zeigte sich die ganze Ratlosigkeit der Wehrmachtführung, die Hitlers wahnwitzigem Plan mangels eigener Alternativen folgte. Nur zaghafte Einwände wurden erhoben. Der Chef des Ersatzheeres, Generaloberst Friedrich Fromm, verkündete hinter vorgehaltener Hand, dass angesichts der katastrophalen Versorgungslage der Wehrmacht ein Friedensschluss die einzige Alternative sei. Generalmajor Eduard Wagner, der Generalquartiermeister des Heeres, verspottete intern die »utopischen Offensivpläne«. Doch offiziell gab es keinen Widerspruch gegen die kommende Offensive.

Mit der Weisung Nr. 41 vom 5. April 1942 legte Hitler die Ziele für die Operation »Blau« fest. Die Heeresgruppe Süd unter Generalfeldmarschall Fedor von Bock hatte den eigentlichen Angriff zu führen. Zu-

Adolf Hitler und Franz Halder (r.) mit dem Oberbefehlshaber der ungarischen 2. Armee Generaloberst Gusztáv Jány bei Planspielen der Wehrmacht am 21. Mai 1942

nächst war vom nördlichen Flügel in einer Zangenbewegung die Stadt Woronesch am Don zu nehmen (Blau I). Anschließend sollte am Don entlang mit der 6. Armee aus dem Raum Charkow heraus die Masse der sowjetischen Kräfte vernichtet werden (Blau II). Daraufhin wollte das OKH mit dem südlichen Flügel die Wolga und Stalingrad erreichen (Blau III). Schließlich sollte die Eroberung der Ölfelder bis hinunter nach Baku und zum Kaukasus (Blau IV) folgen. Ferner enthielt die Weisung weitere Ziele, so die Besetzung der Halbinsel Krim als Flankendeckung des Stoßes in den Kaukasus im Süden und die Eroberung Leningrads im Norden.

Der Plan aber hatte ganz erhebliche Schwächen, sodass nicht einmal Stalin an ein solches Risikounternehmen seines Gegners glaubte. Ein operativer Fehler war, dass »Fall Blau« mit dem Vorstoß zur Wolga und in den Kaukasus gleich zwei Hauptziele hatte. Die Aufsplitterung und damit Schwächung der Kräfte war also programmiert. Hinzu kam die gewaltige Distanz, die beim Vorstoß zurückzulegen war: Stalingrad lag 500 Kilometer, Baku gar 1200 Kilometer entfernt. Die Wehrmacht sollte diese gewaltige Strecke noch vor Einbruch des Winters überwinden. Gleichzeitig war der Nachschub über diese Entfernungen sicherzustellen, ein Problem, das schon den Vormarsch 1941 behindert hatte. Über den Dnjepr gab es nur eine Eisenbahnbrücke, die zum Engpass der Versorgung zu werden drohte.

Mit dem Vorstoß verlängerte sich die abzusichernde Frontlinie um Hunderte Kilometer. Die Wehrmacht war schon kaum in der Lage, die materiellen und personellen Voraussetzungen für die Sommeroffensive zu schaffen. Wie aber wollte sie den neugewonnenen Raum sichern? Hitler plante, die lange Nordflanke vorrangig mit Armeen der Verbündeten zu besetzen. Da diese Einheiten in ihrer Erfahrung und Kampfkraft jedoch nicht an die Wehrmachtverbände heranreichten, sollten zwischen ihnen zur Stabilisierung der Front einzelne deutsche Verbände »eingezogen« werden. Und so blieb das Unternehmen eine regelrechte Einladung zum sowjetischen Gegenangriff.

Die deutsche Operationsplanung »Blau« und die sowjetischen Angriffserwartungen für den Sommer 1942

Die Wehrmacht nach dem Scheitern von »Barbarossa«

Im Frühjahr 1942 war das Ostheer nur noch ein Schatten jener Wehrmacht, mit der Hitler 1941 in die UdSSR eingefallen war. Der Kampfkraftverlust der Verbände wurde bei den Heeresgruppen Nord und Mitte auf je ein Drittel geschätzt, bei der Heeresgruppe Süd lag er sogar bei 50 Prozent. Über 1,1 Millionen Tote, Verwundete und Vermisste, also einen Verlust von 35 Prozent ihrer Gesamtstärke, hatte die Wehrmacht bis Ende März 1942 zu verbuchen. Konnte der Generalstab beim Angriff 1941 immerhin 65 Prozent der Divisionen als voll einsatzbereit bewerten, waren es Ende März 1942 höchstens noch 5 Prozent. Nur acht von 162 Divisionen galten als für alle Einsatzaufgaben geeignet. Das Rückgrat des Heeres, die Infanteriedivision, zählte im Normalfall 16 500 Mann. An der Front war die Personalstärke in den heftigen Abwehrkämpfen im Winter zum Teil auf unter 50 Prozent gesunken. Es fehlten etwa 35 Prozent der Truppen bzw. bis zu 7000 Mann pro Division. Die Hoffnung, den Personalmangel bis Jahresende auszugleichen, blieb eine Illusion. Daher wurden Einheiten der Heeresgruppe Nord und Mitte abgezogen, um die Divisionen im Süden der Ostfront aufzufüllen.

Die intern erhobenen Bedenken dagegen, den Feldzug in diesem Zustand zu eröffnen, wehrte das OKW ab. Die Nachteile würden durch »die im Winter gezeigte hohe moralische und körperliche Leistungsfähigkeit, die Durchbildung der Führer- und Kämpfereigenschaften« ausgeglichen. Sorgen machte sich Halder auch über die Versorgung der Truppe. Schon im Frühjahr war klar, dass es angesichts des wenig ausgebauten sowjetischen Eisenbahn- und Straßennetzes kaum möglich sein würde, die Versorgung für die kommende Offensive vollkommen sicherzustellen. Trotz aller Zweifel aber wagte Halder nicht, gegen Hitlers Vorhaben zu opponieren. Folglich blieb im OKH und in den Führungsstellen der Versorgung unterschwellig die Befürchtung bestehen, dass der Krieg nicht mehr zu gewinnen sei, falls die Offensive 1942 scheitern sollte.

Im Juni 1941 hatte die Wehrmacht im Osten mit 203 Divisionen angegriffen, deren jeweilige Stärke bei ca. 13 800 Mann lag. Ein Jahr später standen durch Kontingente der Verbündeten 229 Divisionen zur Verfügung, doch deren Kampfstärke war auf 11 800 Mann gesunken. Italien, Rumänien, Ungarn und die Slowakei stellten 51 Divisionen für die Ost-

Bespannte Truppenteile der Wehrmacht auf dem Marsch an der Ostfront im März 1942

front, auch eine spanische Freiwilligendivision stand vor Leningrad. Mit der Einbeziehung der Verbündeten gelang es, im Südabschnitt eine numerische Überlegenheit gegenüber der Roten Armee zu schaffen, insbesondere bei der Zahl der Panzer und Flugzeuge. Dies lag auch daran, dass Stalin die neue Offensive der Wehrmacht von Kursk und Orel Richtung Norden auf Moskau und Gorki erwartete und dementsprechende Abwehrschwerpunkte im Norden setzte. Dagegen schätzte die Abteilung Fremde Heere Ost, die im OKH mit der Feindaufklärung betraut war, die operativen Reserven der Roten Armee im Mai 1942 auf insgesamt nur 60 Divisionen.

Die materielle Lage des Ostheeres war keineswegs befriedigend. Von den 3648 Kampfpanzern der Typen I bis IV an der Ostfront waren 3254 völlig zerstört worden oder mussten repariert werden. Nach Auslieferung von 732 neuen und der Rückführung instand gesetzter Panzer fehlten im Januar 1942 noch 1547 Panzer, also fast die Hälfte des Panzerbestandes vom Sommer 1941. Schlimmer wirkte sich das Fehlen von Radfahrzeugen aus, von denen über 74 000 ausgefallen waren. Schon 1941

Vergleich der Stärke und Bewaffnung von Großverbänden: Wehrmacht und Rote Armee 1942						
Armee	**Wehrmacht**			**Rote Armee**		
Art des Verbandes	Infanterie-division	Motorisierte Infanterie-division	Panzer-division	Schützen-division	Mechani-siertes Korps	Panzer-korps
Personalstärke	16 500	16 500	15 600	10 386	13 559	7 800
Maschinengewehre	500	500	220	449	450	150
Granatwerfer	140	140	90	188	60	18
Infanteriegeschütze	25	25	10	12	-	?
Panzerabwehrkanonen	75	75	50	36	40	36
Artilleriegeschütze	48	48	28	44	-	-
Flugabwehrkanonen	12	12	12	9	18	18
Schützenpanzerwagen	3	30	ca. 100	?	11	9
Panzer	-	-	211	-	175	176
Kraftfahrzeuge	1 400	4 000	10 900	149	bis 579	bis 528
Pferde	5 000	-	-	1 800	-	-

Quellen: Müller, Hitlers Wehrmacht 1935–1945; Müller-Hildebrand, Bd 1, S. 71 f.; Das Deutsche Reich und der Zweite Weltkrieg, Bd 5/1, S. 713.

waren die Divisionen mit Kraftfahrzeugen und schweren Waffen für den Bewegungskrieg untermotorisiert. Diese Problematik hatte sich nun verschärft, sodass Huf und Stiefel die üblichen Fortbewegungsmittel der Infanterie und Artillerie blieben. Mangel herrschte auch bei Infanterie- und Artilleriewaffen, denn die deutsche Kriegsproduktion hinkte den Verlusten der Wehrmacht hinterher. Im Jahr 1942 wurden mehr und mehr Beutewaffen verwendet, weshalb die Einheiten unterschiedlich gut ausgerüstet waren.

Die Munitionsfertigung reichte nach Berechnungen des Generalquartiermeisters Eduard Wagner bei den wichtigsten Kalibern nicht mehr aus, um den Verbrauch zu decken. Generaloberst Fromm prognostizierte im Januar 1942, dass die Neufertigungen nie für den ganzen Monat genügen würden und eine grundlegende Besserung nicht zu erwarten sei. Den Wehrmachtverbänden des Jahres 1942 fehlte es somit erheblich an Mobilität und Feuerkraft.

Ende Juni 1942 verfügte die Heeresgruppe Süd über 103 Divisionen, von denen allerdings 16 nicht vollständig waren oder nur als Sicherungsdivisionen dienten. Unter den 10 Panzerdivisionen waren drei ungarische leichte in der Reserve der Heeresgruppe. 4 Divisionen waren motorisiert. Im Bestand befanden sich zudem 12 rumänische, 6 italienische und eine slowakische »Schnelle Division«. Das Gros der deutschen Panzer und Kraftfahrzeuge blieb in motorisierten Divisionen konzentriert.

»Schnelle Truppen«

Mit der Einführung der Panzer entstand in der Wehrmacht die Truppengattung der »Schnellen Truppen«. Zu ihr gehörten neben der Panzertruppe die Panzerjäger, die Kavallerie und die Aufklärungsverbände.
Die Infanteriedivisionen (mot.) wurden im Zuge der Mechanisierung der Wehrmacht zur Erhöhung ihrer Mobilität mit Lastkraftwagen ausgestattet und sollten die Panzerdivisionen bei ihren Vorstößen unterstützen.
Die »Leichten Divisionen« ersetzten die Kavallerie und waren ein Bindeglied zwischen den Infanteriedivisionen (mot.) und den Panzerdivisionen. Sie verfügten anfangs über zwei Kavallerieschützenregimenter, ein Aufklärungsbataillon, ein Artillerieregiment und eine Panzerabteilung. Da sie sich im Feldzug gegen Polen nicht bewährten, wurden sie allerdings schrittweise in Panzerdivisionen umgewandelt.
1943 wurden die »Schnellen Truppen« zugunsten der »Panzer-Truppen« aufgelöst. Aus den Infanteriedivisionen (mot.) wurden Panzergrenadierdivisionen. In der Roten Armee vollzog sich mit motorisierten und mechanisierten Verbänden ab 1942 eine ähnliche Entwicklung der Mobilisierung und Kampfwertsteigerung der Infanterie.

Schaut man sich die Panzerwaffe an, spricht der formale Vergleich auf den ersten Blick sowohl nach technischen Daten als auch in der Menge für die sowjetische Seite. Über schwere Panzer verfügte die Wehrmacht nicht. Standard waren die mittleren Panzer III mit 5-cm-Kanone und Panzer IV mit kurzer 7,5-cm-Kanone. Der zusätzlich verwendete tschechische Beutepanzer T-38 war 1942 veraltet. Der leichte Panzer II hatte auf dem Gefechtsfeld keine Chance mehr und diente lediglich der Aufklärung. Mit der Serie von Sonder-KfZ 250 waren verschiedene Schützenpanzerwagen im Einsatz, die sich 1941/1942 bewährt hatten. Doch

In der Schlacht um Stalingrad eingesetzte Kampfpanzertypen

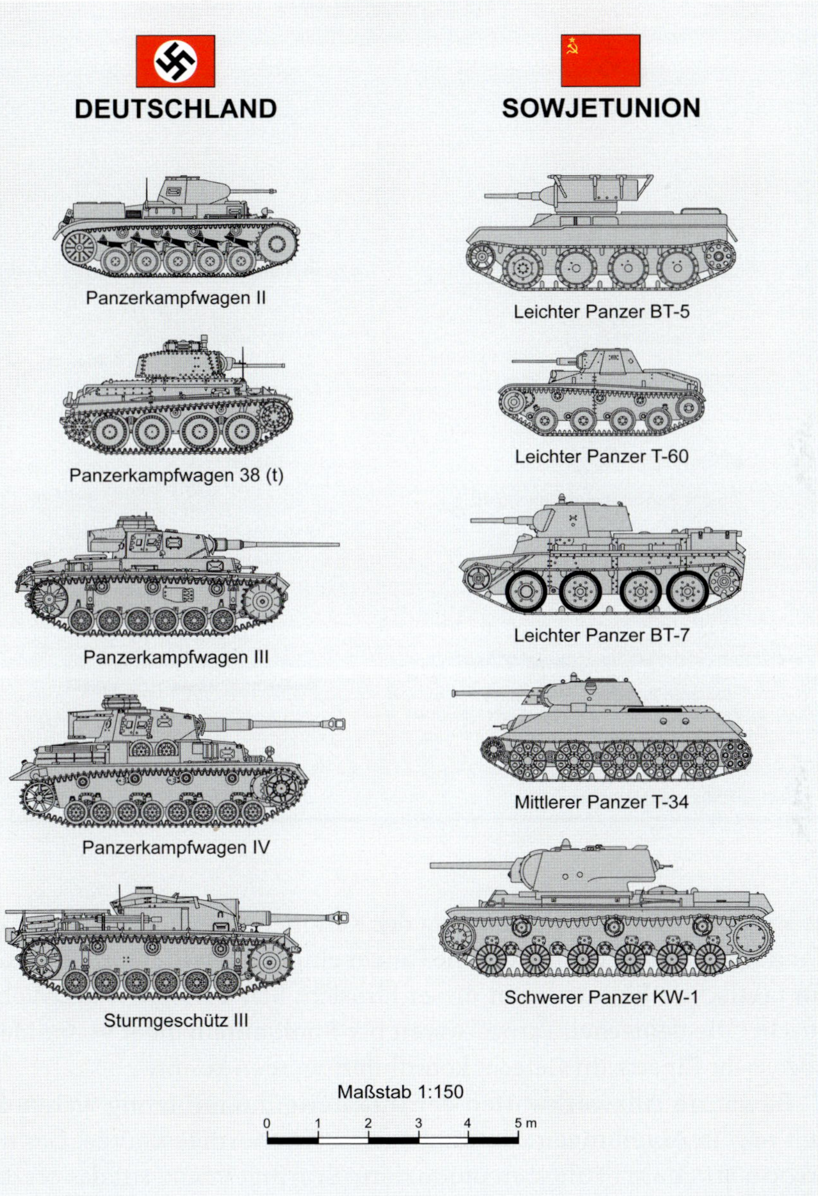

Quelle: Zeichnungsarchiv Schemmerling

In der Schlacht um Stalingrad eingesetzte Panzerabwehrkanonen

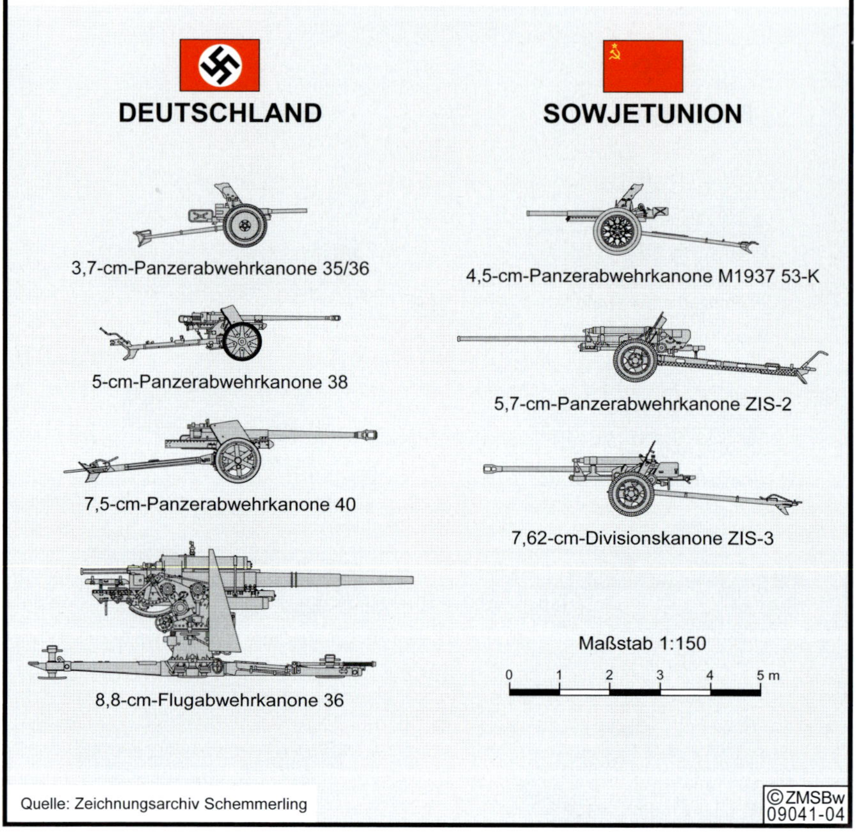

es kam nicht nur auf die Leistung der Kanonen und die Panzerung an, sondern vor allem darauf, wie die Panzer eingesetzt wurden. Der Vorteil im taktischen Einsatz lag in dieser Hinsicht klar auf Seiten der Wehrmacht. Die deutschen Panzer waren per Funk miteinander verbunden, sodass ihr Einsatz im Gefecht koordiniert werden konnte.

Bewährte Allzweckwaffen der Infanterieunterstützung waren die seit 1941 in Abteilungen zusammengefassten Sturmgeschütze. Das mit 10 000 Stück am häufigsten produzierte Sturmgeschütz III, das oft den Infanteriedivisionen zugeordnet wurde, diente als Durchbruchs- und Jagdpanzer sowie als fahrende Artillerie. Leichte Panzer rüstete man als

Sturmgeschütze III auf dem Vormarsch mit aufgesessener Infanterie im Juli 1941

Selbstfahrlafetten mit Beutegeschützen um. Die Artillerie der Wehrmacht war kriegserprobt und leistungsstark. Die Panzerabwehrkanone 3,7 cm (Pak) allerdings wirkte nur gegen ältere Panzertechnik und wurde von den Landsern seit dem Auftauchen des Panzers T-34 als »Panzer-Anklopf-Gerät« verspottet. An seine Stelle trat 1942 die wirkungsvolle 7,5-cm-Pak. Zur Panzerbekämpfung optimal geeignet war die Flugabwehrkanone (Flak) 8,8 cm.

Die deutsche Luftwaffe war technisch modern, ihre Piloten waren im Hinblick auf Können und Einsatzkonzept hochqualifiziert. Allerdings hatte sie im Luftkrieg gegen England schwere Verluste an Menschen und Material erlitten. Gut ausgebildete Piloten waren inzwischen rar geworden. Solange die deutsche Luftherrschaft an der Ostfront Bestand hatte, machte sich dieser Mangel zunächst nicht bemerkbar. Das Zusammenspiel zwischen Luftwaffe und Bodentruppen funktionierte hervorragend. Dabei kam mit dem Sturzkampfbomber Junkers Ju 87 (»Stuka«) ein zwar technisch veraltetes, aber trotzdem wirksames Mittel zum Einsatz. Die Stukas bewährten sich im Häuserkampf von Stalingrad bei der zielgenauen Bekämpfung gegnerischer Stellungen, während der Bomber Ju 88 massenhaft bei der Zerstörung der Stadt eingesetzt war. Als Jäger war die Messerschmitt Bf 109 den sowjetischen Jägern 1942 noch überlegen. Die technisch fortschrittlichere Focke-Wulf

Fw 190 kam im Osten erst spät zum Einsatz. Die Messerschmitt Bf 110 war hingegen 1942 an der Ostfront als Jagdbomber und Erdkampfflugzeug modernen Jagdflugzeugen nicht mehr gewachsen. Standardtransportflugzeug der Luftwaffe war die alte »Tante Ju«, die Junkers Ju 52. Sie und die Heinkel He 111 sollten den Kessel von Stalingrad hauptsächlich mit Nachschub und Proviant versorgen.

In Fragen des operativ-taktischen Könnens war die Wehrmacht der Roten Armee 1942 überlegen. Das operative Konzept der Wehrmacht sah auch 1942 tiefe Panzervorstöße vor, wie man sie 1941 erfolgreich praktiziert hatte, die in Kombination von unterschiedlichen Truppengattungen oft als »Kampfgruppen« durchgeführt wurden. Die Speerspitze, in der Panzer, motorisierte Artillerie, Raketenwerfer und Luftwaffe als verbundene Waffen operierten, schuf jene Augenblicke der Überlegenheit, die viele Schlachten entschieden. Die Panzerspitzen rissen die Fronten des Gegners auf und kesselten dessen Verbände ein. Der »hölzerne« Stiel des Speeres, die nachrückende Infanterie, besetzte dann das Gelände, räumte die Kessel aus und führte die Gefangenen ab.

Behelfsreparatur einer Ju 88 des Kampfgeschwaders 51 »Edelweiß« auf einem Feldflugplatz an der Ostfront

Panzer und Infanterie im Winterkampf vor Wolokolamsk im Dezember 1941

Die gepanzerte Speerspitze stieß derweil weiter vor. Diese Doktrin wurde auch 1942 noch effizient und erfolgreich angewandt. Allerdings traten während des Vormarschs 1942 verstärkt die Hindernisse auf, die schon 1941 das Vordringen erheblich verzögert hatten. In der Weite des Raums konnte die Infanterie den Panzerspitzen kaum folgen, auch die Versorgungseinheiten kamen nicht hinterher, und immer häufiger blieben die schnellen Truppen wegen Treibstoffmangels liegen.

Im taktischen Bereich waren die Offiziere und Unteroffiziere der Wehrmacht dank ihrer Ausbildung und des Führungsprinzips der Auftragstaktik den sowjetischen Einheitsführern weiterhin überlegen. Gemäß der Auftragstaktik wurden nur Ziele, Grenzen und Mittel vorgegeben, in der Umsetzung hatte der Befehlsempfänger relativ freie Hand. Das erlaubte eine flexible, an die reale Lage vor Ort angepasste Gefechtsführung. Sie erwies sich im Vergleich zu anderen Armeen als einzigartig und war das Geheimnis mancher Erfolge auch gegen überlegene Gegner. 1942 aber machte sich bemerkbar, dass viele erfahrene Offiziere, Unteroffiziere und Soldaten ausgefallen waren, für die sich kein adäquater Ersatz mehr fand.

Noch immer zeigten sich die deutschen Soldaten motiviert. Ihr Kampfgeist beruhte auf der Kriegserfahrung, professionellem Können und engen kameradschaftlichen Bindungen. Im Offizierkorps ebenso wie unter den einfachen Soldaten war der Glaube an den »Führer« Adolf Hitler weitgehend ungebrochen. Der Nimbus von der »unbesiegbaren Wehrmacht« erhielt in den Winterschlachten 1941/42 zwar erhebliche Kratzer, doch Hitlers starrsinniger Haltebefehl hatte dazu geführt, dass die Wehrmacht die Ostfront im Februar 1942 stabilisieren konnte. Das gemeinsame Leid bei der erbitterten Verteidigung fremden Bodens verstärkte das Zusammengehörigkeitsgefühl und die Kameradschaft. Wenn der Winter überstanden wäre, davon waren viele überzeugt, würde die Wehrmacht den Krieg im Osten erfolgreich beenden.

Die Verbündeten des Deutschen Reiches

Angesichts der personellen und materiellen Lage der Wehrmacht war die Sommeroffensive Operation »Blau« 1942 ohne die verstärkte Beteiligung der Verbündeten nicht zu führen. Schon beim Überfall 1941 hatten verbündete Heere an der Seite der Wehrmacht gekämpft. Doch ihre Verbände waren im Vergleich zur Wehrmacht im Hinblick auf die Ausbildung, Ausrüstung und Kriegserfahrung eher zweitklassig, und sie standen 1941 lediglich im Windschatten des deutschen Vormarsches. Das sollte sich 1942 ändern. Um die Lücken zu füllen, wurden Einheiten der Verbündeten in die Operation »Blau« einbezogen.

Rumänien stellte mit seiner 3. und 4. Armee mit 13 Infanterie-, einer Panzer- und zwei Kavalleriedivisionen sowie einem Fliegerkorps das größte Kontingent. Die Einheiten bewährten sich bei der Eroberung Odessas und als Teil der 11. Armee von Generaloberst Erich von Manstein bei der Eroberung von Sewastopol. Zwei Divisionen schützten die Küsten der Krim, während 26 Divisionen als Besatzungs- und Sicherungstruppen im Hinterland fungierten. In den rumänischen Streitkräften herrschte eine kaum mehr zeitgemäße strenge Hierarchie zwischen Offizieren und niederen Dienstgraden. Auch erreichte keine der rumänischen Divisionen ihre Sollstärke. Sie verfügten zudem kaum über Panzerabwehrmittel, was ihnen vor allem beim Angriff der sowjetischen Panzer am Don gravierende Probleme bereiten sollte. Zwar hatte

Rumänische Soldaten und deutsche Funker

Hitler materielle Unterstützung zugesagt, doch erst im Oktober 1942 erhielten die Divisionen je eine Pak-Abteilung mit sechs Geschützen.

Ungarn stellte mit der 2. Armee ein Drittel seiner Streitkräfte für die Operation »Blau« zur Verfügung. Die Armee, die drei Armeekorps und eine Panzerdivision führte, zählte über 200 000 Mann. Und dennoch: Die 9. leichte Infanteriedivision besaß nur zwei Regimenter, die Panzerdivision war mit 83 tschechischen Beutepanzern T-38, 22 Panzern I deutscher und zwei 38 M-Toldi-Panzern ungarischer Produktion schwach ausgerüstet, weshalb sie kein ernsthafter Gegner für die sowjetischen Panzerkorps mit ihren T-34 war. Insgesamt hatten die Soldaten nur eine kurze Ausbildung durchlaufen. Das Vielvölkergemisch aus Rumänen, »Volksdeutschen«, Slowaken, Ukrainern und Serben erschwerte den Zusammenhalt der Einheiten. Auch den Ungarn fehlten Panzerabwehrwaffen. Anders als bei den Rumänen traf die versprochene Waffenhilfe von 250 Pak und 180 Geschützen mit 8,8 cm nie ein.

Am Don kam außerdem die neu aufgestellte italienische 8. Armee mit vier Korps, acht italienischen und zwei deutschen Divisionen, also ca. 230 000 Mann, zum Einsatz. Die Italiener verfügten über hinreichend Artillerie, 300 italienische und 54 deutsche Panzerabwehr-

Sowjetische Hilfswillige beim Freischaufeln von deutschen Fahrzeugen, Ukraine 1941

kanonen; es fehlten jedoch Panzer. Die Slowakei schließlich stellte ihre Schnelle Division mit 10 000 Mann, ausgerüstet mit zwölf Panzern T-38, sowie eine Sicherungsdivision mit 6000 Mann.

Die Rote Armee

Der Erfolg der Gegenoffensive im Dezember 1941 gab der Roten Armee einen großen Motivationsschub. Er verleitete Stalin aber auch zu dem Fehler, in den ersten Monaten des Jahres 1942 an allen Fronten die totale Offensive zu befehlen. Damit verzettelte er die eigenen Kräfte und folglich scheiterten die Offensiven unter großen Verlusten an der zähen Verteidigung der Wehrmacht. So waren die sowjetischen Truppen zusätzlich geschwächt; insgesamt verlor die Rote Armee von Kriegsbeginn bis April 1942 fünf Millionen Soldaten, wovon über drei Millionen in Gefangenschaft gerieten. Auch die materiellen Verluste waren gewaltig: 15 000 Panzer, 34 000 Geschütze und Werfer, 12 000 Flugzeuge und eine Unmenge an Fahrzeugen.

Im Berliner Lustgarten zeigt die NS-Propaganda in der Ausstellung: »Das Sowjet-Paradies« im April 1942 einen erbeuteten schweren sowjetischen Panzer vom Typ KW-2.

Wie die Wehrmacht bemühte sich die Rote Armee im Frühjahr 1942 darum, die Kampffähigkeit ihrer Einheiten wiederherzustellen. Nach Berechnungen der Stawka konnte der Millionenverlust an Soldaten angesichts der etwa 16 Millionen wehrfähigen sowjetischen Bürger noch problemlos ausgeglichen werden. Zudem war es der UdSSR gelungen, trotz der Verluste an Gebiet, Arbeitskräften und Produktionsmitteln eine Kriegsproduktion vor und hinter dem Ural aufzubauen. Im Jahr 1942 wurden dort 4500 Panzer, 3000 Kampfflugzeuge, 14 000 Geschütze und 50 000 Granatwerfer hergestellt, was die Materialverluste des ersten Kriegsjahres nahezu kompensierte. Veraltete Panzer wie der BT-5, der BT-7 oder der T-60 (spöttisch wegen der leichten Panzerung »Bratskaja Mogila« = »Gemeinschaftsgrab für zwei Kameraden« genannt) wurden durch moderne T-34 ersetzt.

So wies die Rote Armee im Mai 1942 mit über 5,1 Millionen Soldaten eine beachtliche Stärke auf – nach den Verlusten bildete sich eine Rote Armee der zweiten Generation. Die Strukturen innerhalb der Armee hatten sich in den Kämpfen gefestigt, viele Soldaten hatten Erfahrung gesammelt. Es standen über 3900 Panzer, 45 000 Geschütze und Granatwerfer und 2200 Kampfflugzeuge zur Verfügung. Aufgrund der bisherigen Kriegserfahrung begann die Rote Armee mit der Aufstellung von eigenständigen Panzerkorps und Panzerarmeen. Auch die sowjetische Luftwaffe fasste ihre Formationen zu Luftarmeen sowie die Luftverteidigung zu Armeen und Fronten zusammen. In den sowjetischen Streitkräften war die »Front« ein operativ-strategisches Element, das etwa einer Heeresgruppe der Wehrmacht entsprach. So kam die Rote Armee dem deutschen Konzept des kombinierten Waffeneinsatzes immer näher. Zudem bildete sie operative Reserven. Doch die Umstellung der Wirtschaft auf die Kriegsproduktion war noch nicht abgeschlossen. Der Roten Armee mangelte es weiterhin an Ausrüstung, Waffen und vor allem Munition.

Das operative Konzept der Roten Armee setzte ähnlich der Wehrmacht auf konzentrierte Vorstöße in die Tiefe des gegnerischen Raumes. Beabsichtigt waren kombinierte Schläge von Heer und Luftwaffe, die aber angesichts der anfänglichen deutschen Luftüberlegenheit schwer zu realisieren waren. Die Stawka betrachtete die Division noch als variable Einheit. So konnten Divisionen in einer Woche Kampf durchaus 50 Prozent ihres Bestandes verlieren und nur noch Regimentsstärke besitzen, denn es war nicht üblich, Einheiten mit neuem Personal aufzufrischen. Sie blieben so lange im Kampf, bis sie zu schwach waren, aufgelöst oder im Hinterland wiederaufgestellt wurden, was vor allem für Panzerdivisionen und Gardetruppen galt. Seit 1942 nahm die durchschnittliche Mannschaftsstärke einer Schützendivision ständig ab, was aber die Erhöhung der Feuerkraft wettmachte. Es wuchs die Zahl der Granatwerfer, die Artillerieregimenter wurden aufgestockt. Letztlich wurde massenhaft die Maschinenpistole PPSh-41 eingeführt. Ende 1942 verfügten 2000 Soldaten einer Division über die moderne Schnellfeuerwaffe. Alles in allem aber konnte sich eine Schützendivision (1942 waren das ca. 10 400 Mann) nicht mit einer deutschen Infanteriedivision (ca. 15 000 Mann 1942) bezüglich ihrer Stärke und Ausstattung mit kombinierten Waffen messen.

Auch die taktische Unterlegenheit der Sowjetunion blieb bestehen, da das Offizier- und Unteroffizierkorps erst schrittweise die Führung eines modernen Krieges erlernte. Seit der Schlacht um Moskau förderte der Stellvertretende Oberbefehlshaber der Roten Armee, Armeegeneral Georgi Schukow, ein Umdenken. Die duale Befehlskompetenz von

Sowjetisches Propagandaplakat »Stalin erzog uns zur Treue gegenüber dem Volk!«

Kommandeur und Politkommissar wurde abgeschafft, um die Befehlsgewalt des Kommandeurs zu festigen, was die Führung erleichterte. Angesichts der Wehrmachtserfolge beschwor Stalin nicht mehr den Kommunismus als Wehrmotiv, sondern den nationalen Befreiungskampf vom deutschen Joch. Das wurde von der Bevölkerung auch angesichts der Verbrechen von Schutzstaffel (SS), Sicherheitsdienst (SD), Polizeiverbänden und Wehrmacht viel stärker akzeptiert.

Immer noch waren die Einheiten der Roten Armee deutlich schlechter motorisiert und bewaffnet als die der Wehrmacht. Eine sowjetische Schützenarmee zählte 60 000–120 000 Mann, konnte aber durch unabhängige Panzerbrigaden und Artillerieeinheiten auf bis zu 200 000 Mann anwachsen. Da technisch qualifiziertes Personal rar war, neigte die Führung der Roten Armee dazu, Spezialisten in besonderen Brigaden und Divisionen zusammenzufassen. Daher gingen neuproduzierte

Geschütze nicht als Ersatz an die Front, sondern wurden zur Aufstellung spezieller Artillerieeinheiten genutzt. 1942 verstärkte die Armeeführung die Bildung von Pak-Brigaden mit wirksamen 4,5-cm-Pak, die den deutschen Panzertruppen hohe Verluste zufügten. 1942 kam die 76-mm-Divisionskanone M 1942 (SiS-3) in die Einheiten, die mit panzerbrechender Munition im direkten Richten zu den besten Panzerabwehrwaffen des Krieges gehörte. Die Schützendivisionen blieben aber mit Fahrzeugen und Artillerie schlecht ausgerüstet. Dafür war es nunmehr möglich, die Artillerieeinheiten gezielt und punktuell massiert einzusetzen.

Nicht anders sah es bei der Panzerwaffe aus. Die sowjetischen Panzer- bzw. Tankbrigaden kamen nun nicht mehr verstreut zum Einsatz, sondern wurden zu Panzerkorps als Gegenstück zu den deutschen Panzerdivisionen zusammengefasst. Bis 1943 waren 26 Panzerkorps aufgestellt. 1942 wurde der T-34 zur Standardwaffe russischer Panzereinheiten, der den deutschen Panzern III und IV in Beweglichkeit, Waffenwirkung und Panzerung überlegen war. Mit dem schweren Panzer KW-1 stand überdies ein wirksamer Durchbruchspanzer zur Verfügung. Zudem entstanden seit dem Herbst 1942 Mechanisierte Korps mit bis zu 18 000 Mann Stärke. Sie waren, mit Panzern und Fahrzeugen besser ausgerüstet, wesentlich mobiler und schlagkräftiger als die Schützendivisionen. Die UdSSR hatte freilich die Fahrzeugproduktion zugunsten der Panzer vernachlässigt, doch Großbritannien und die USA lieferten ihr über das »Land-Lease-Programm« Fahrzeuge, Ausrüstung und Flugzeuge. Das verbesserte ständig die Mobilität der Roten Armee. Erwähnt sei noch, dass die Kavalleriedivisionen der Roten Armee nicht nur in hohem Ansehen standen, sondern während der Frühjahrsschneeschmelze und im Herbstmatsch deutlich mobiler waren als Schützendivisionen oder Panzerbrigaden. Bis 1945 gab es 34 Kavalleriedivisionen in der Roten Armee. Mitte 1942 wurden zudem noch acht Luftlandedivisionen aufgestellt, jedoch in der zweiten Jahreshälfte in Gardeschützendivisionen umgewandelt. Einige davon bewährten sich in den Ruinen von Stalingrad.

Die sowjetische Luftwaffe schließlich hatte sich nach den schweren Kriegsverlusten weiterentwickelt, blieb aber bis Ende 1942 der deutschen Luftwaffe unterlegen. Die UdSSR verfügte mit der Iljuschin DB 3 über strategische Bomber, die den Kriegserfordernissen entsprachen.

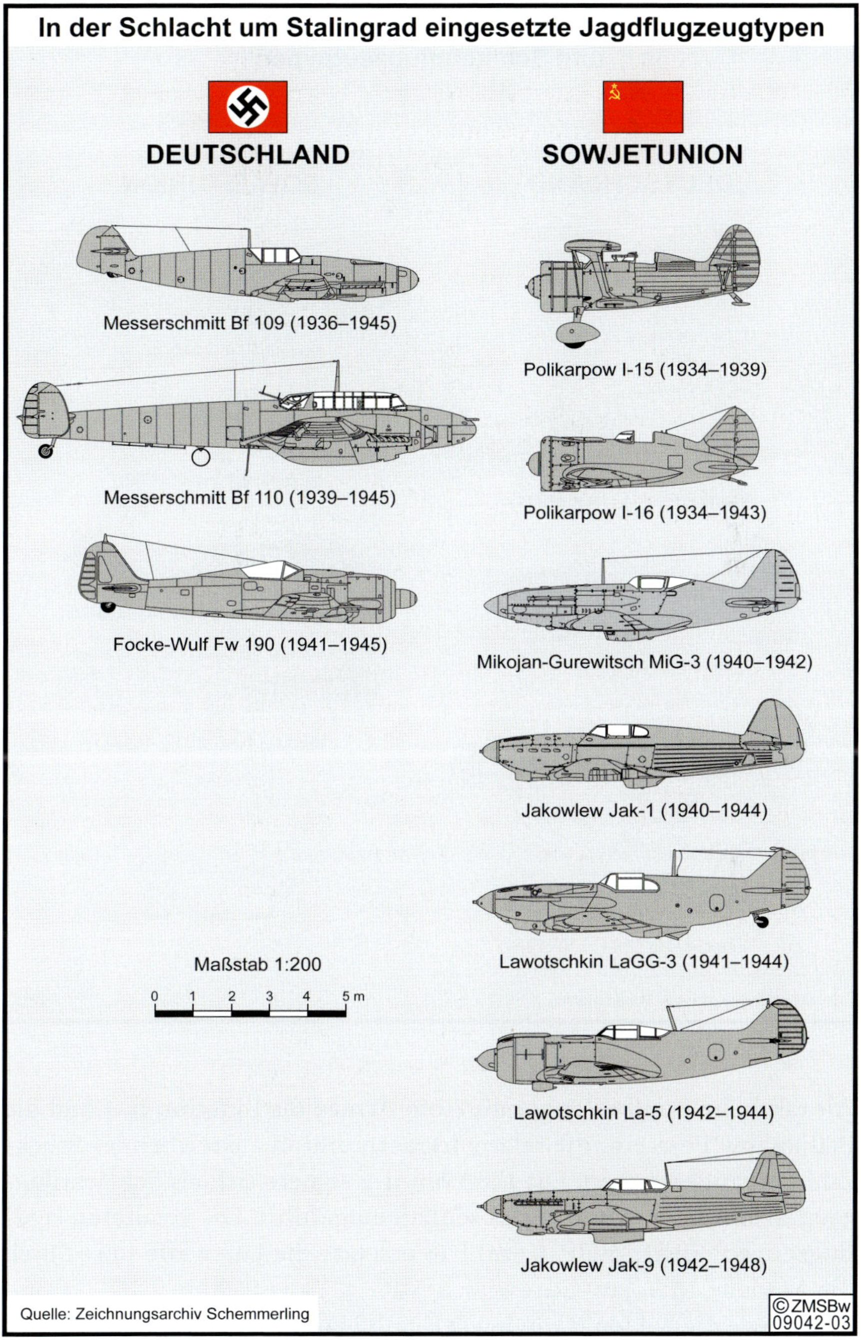
In der Schlacht um Stalingrad eingesetzte Jagdflugzeugtypen
DEUTSCHLAND
SOWJETUNION
Messerschmitt Bf 109 (1936–1945)
Messerschmitt Bf 110 (1939–1945)
Focke-Wulf Fw 190 (1941–1945)
Polikarpow I-15 (1934–1939)
Polikarpow I-16 (1934–1943)
Mikojan-Gurewitsch MiG-3 (1940–1942)
Jakowlew Jak-1 (1940–1944)
Lawotschkin LaGG-3 (1941–1944)
Lawotschkin La-5 (1942–1944)
Jakowlew Jak-9 (1942–1948)
Maßstab 1:200
0 1 2 3 4 5 m
Quelle: Zeichnungsarchiv Schemmerling
©ZMSBw
09042-03

In der Schlacht um Stalingrad eingesetzte Bomben- und Schlachtflugzeugtypen

Als taktische Bomber setzte die Rote Armee die Iljuschin Il-4 und die Petljankow Pe-2 ein, die relativ modern und in ausreichender Stückzahl vorhanden waren. Die Iljuschin Il-2 eignete sich als Schlachtflugzeug, wurde aber erst 1942 massenhaft eingeführt. Die veralteten Jagdflugzeuge Polikarpow I-15 und I-16 ersetzte die Luftwaffe 1942 durch die Modelle Mikojan-Gurewitsch MiG-3, Lawotschkin LaGG-3 und La-5 sowie die beiden Jakowlew Jak-1 und Jak-9. Die Jak-9 und die La-5

Zur Versorgung des deutschen Stalingrad-Kessels eingesetzte Transportflugzeuge und deren Verluste, 24.11.1942 bis 31.1.1943

Maßstab 1:300

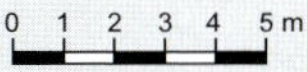

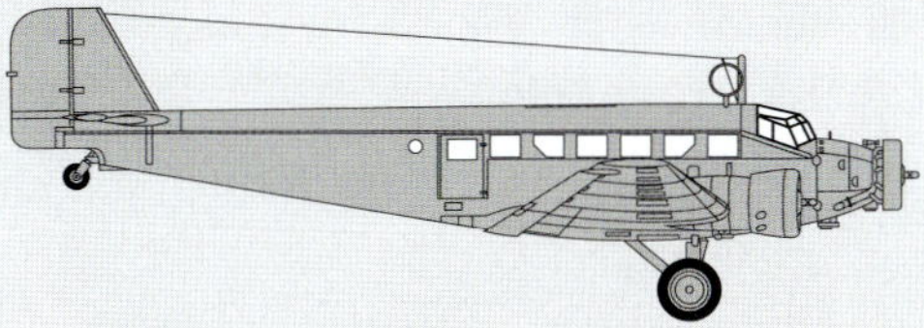

Junkers Ju 52 (1932–1944), Verlust: 269 Maschinen

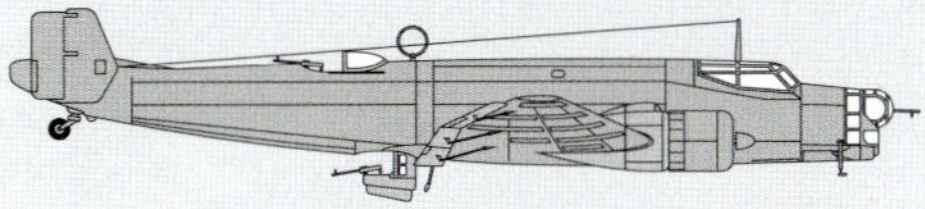

Junkers Ju 86 (1935–1939), Verlust: 42 Maschinen

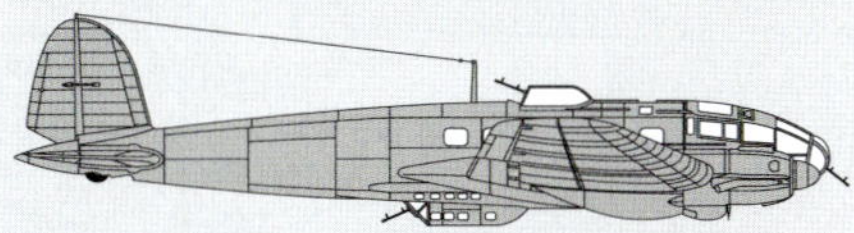

Heinkel He 111 (1936–1944), Verlust: 169 Maschinen

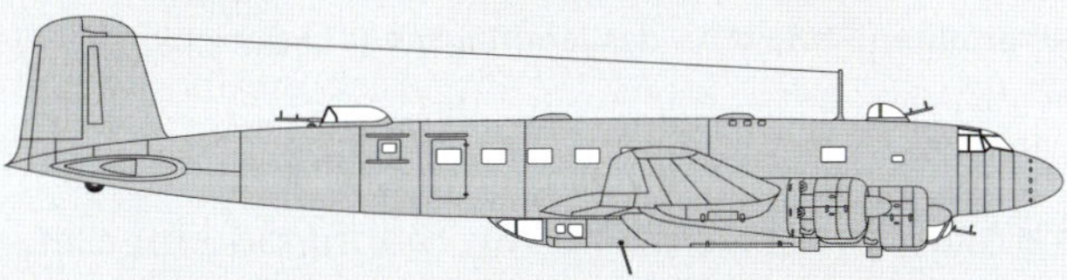

Focke-Wulf Fw 200 (1937–1944), Verlust: 9 Maschinen

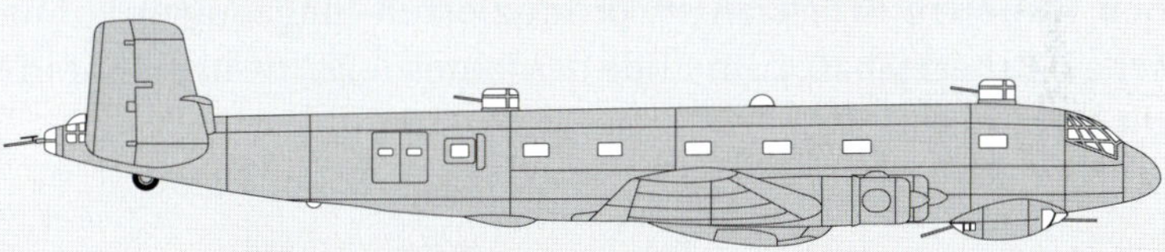

Junkers Ju 290 (1942–1944), Verlust: 1 Maschine

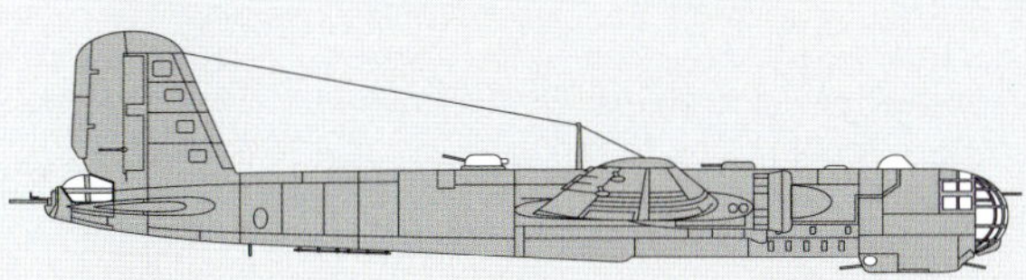

Heinkel He 177 (1942–1944), Verlust: 5 Maschinen

Quelle: Zeichnungsarchiv Schemmerling

Moderne Taktverfahrenproduktion des Jagdflugzeugs Lawotschkin LAGG-3 in der Sowjetunion

wurden erstmals in der Schlacht von Stalingrad eingesetzt. Letztere erkämpfte sich dort den Beinamen »Hölzerner Retter von Stalingrad«. Mit den in hohen Stückzahlen produzierten Flugzeugen konnte die deutsche Luftherrschaft zum Ende des Jahres 1942 immer mehr in Frage gestellt werden.

↗ **Blick über die Wolga auf das zerstörte und brennende Stalingrad Ende August 1942**

4 Die Schlacht um Stalingrad

Vorbereitende Operationen

Wie beschrieben, wollte das Deutsche Reich im Frühjahr 1942 wieder die Offensive im Deutsch-Sowjetischen Krieg gewinnen und den »russischen Bären« endgültig bezwingen. Vor der Offensive mussten aber erst die operativen Voraussetzungen geschaffen werden. Es galt, die Halbinsel Kertsch zu besetzen und die Festung Sewastopol zu erobern, um eine Flankenbedrohung zu beseitigen. Am 8. Mai 1942 trat daher die 11. Armee unter Manstein zur Operation »Trappenjagd« an. Mit geschickten Scheinangriffen und dem Vorstoß über die gegnerische Flanke gelang es Manstein, gegen zähen Widerstand innerhalb von zehn Tagen die Halbinsel Kertsch zu erobern, den Rückzug der sowjetischen Truppen über das Schwarze Meer zu verhindern und 170 000 sowjetische Soldaten gefangen zu nehmen. Am 3. Juni folgte die Operation »Störfang« mit der ersten Artillerieschlacht des Krieges, die auf die

Festung Sewastopol zielte. 1300 Geschützrohre, darunter die überschweren 60-cm-Mörser »Thor« und »Odin« sowie das 80-cm-Eisenbahngeschütz »Dora«, feuerten auf Festung und Stadt. Im mörderischen Feuer der Artillerie und im Bombenhagel des VIII. Fliegerkorps starben Tausende Rotarmisten und Zivilisten. Nach einem Monat fand das Gemetzel ein Ende. Sewastopol war erobert, völlig zerstört und voller Leichenberge. Zwei sowjetische Armeen waren vernichtet worden.

Ungünstig für die geplante Sommeroffensive sah die Ausgangslage bei Charkow aus. Die Rote Armee hatte während der Winteroffensive bei Isjum westlich von Donezk einen 100 Kilometer breiten Brückenkopf errichtet, der die deutsche 6. Armee im Rücken bedrohte. Diesen sollte die Operation »Fridericus I« beseitigen. Stalin jedoch wollte den Brückenkopf zur Einkesselung der 6. Armee nutzen und kam der Operation zuvor. Die Rote Armee griff also unter Marschall Semjon Timoschenko am 12. Mai 1942 mit drei Armeen und starken Panzerkräften sowohl nördlich der 6. Armee als auch südlich aus dem Brückenkopf an. Während sich die 6. Armee hartnäckig gegen die Übermacht verteidigte, fielen die 1. Panzerarmee und die 17. Armee von Süden her den

Truppen der 11. Armee kämpfen auf der Halbinsel Krim um die Festung Sewastopol.

sowjetischen Kräften in die Flanke. Die Truppen Timoschenkos wurden überrollt, die sowjetische 57., 9. und 6. Armee eingekesselt. Stalin verlor über eine Viertelmillion Soldaten, 2000 Geschütze und 1200 Panzer. Mit dem Erfolg bei Charkow waren die Grundlagen für Hitlers Flucht nach vorn gelegt – die Sommeroffensive, die die endgültige Entscheidung über Stalins Imperium bringen sollte, konnte beginnen.

Operation »Blau« – der Vormarsch zur Wolga

Im Frühjahr rechneten Stalin und die Stawka tatsächlich mit einem neuen deutschen Angriff. Allerdings glaubte Stalin, dass wieder die sowjetische Hauptstadt das Angriffsziel sein werde. Obwohl der Roten Armee die Pläne der Deutschen beim Abschuss eines deutschen Majors in die Hände gefallen waren, hielt die sowjetische Führung sie für eine Täuschung. Selbst als die Deutschen im Südabschnitt offensiv wurden, rechnete Stalin mit ihrem Einschwenken nach Norden und hielt bedeutende Kräfte im Mittelabschnitt zurück. Dies sollte den deutschen Angriff zunächst begünstigen.

Am 28. Juni 1942 begann die Heeresgruppe Süd ihren Feldzug mit vier Armeen. Die deutschen Truppen waren aufgerüstet und angriffsstark, allerdings gab es im Rückraum kaum Reserven. Die Offensive sollte die Rote Armee zusammenbrechen lassen, indem sie ihr ebenso gewaltige Verluste zufügte wie in der Anfangsphase des Unternehmens »Barbarossa«. Am 30. Juni erhielten »Blau« I, II und III mit Unternehmen »Braunschweig«, »Clausewitz« und »Dampfhammer« neue Decknamen, doch die Ziele änderten sich nicht. Der Angriff war zu Beginn sehr erfolgreich. Als Zangenarme brachen von Kursk die Armeegruppe Kleist (2. Armee, 4. Panzerarmee, ungarische 2. Armee) und zwei Tage später von Belgorod aus die 6. Armee in die sowjetische Verteidigungsfront ein. In den ersten Wochen machte die Wehrmacht 250 000 Gefangene und erbeutete 1250 Panzer sowie 3000 Geschütze. Der rasche Fall der Stadt Woronesch und der Durchbruch der 6. Armee durch Timoschenkos geschwächte Südwestfront schockierten Stalin. Nun sollte der Kampf um Stalingrad zum Duell zweier Armeen werden.

Die Stawka reagierte. Nachdem die Hauptstoßrichtung der Wehrmacht offensichtlich war, wies sie im Juni/Juli 1942 die Bildung der Wo-

Vormarsch deutscher Panzer in der Ukraine im Sommer 1942

ronescher Front und aus der Südwestfront die Stalingrader Front mit der 21. und 8. Armee sowie der 62., 63. und 64. Reservearmee an. Stalin nahm seinen »Haltebefehl« zurück, auch weil 50 Prozent der Kräfte der Roten Armee um Moskau stationiert waren, und ließ flexible Ausweichbewegungen zu. So trat das ein, was die Abteilung Fremde Heere Ost im OKH befürchtet hatte: Die Rote Armee ging von ihrem bisherigen rücksichtslosen Menschen- und Materialeinsatz ab, wich aus und führte Angriffe gegen die Flanken der Wehrmacht. Fremde Heere Ost glaubte, dass dadurch selbst bei einem Gelingen der Operation »Blau« die russische Wehrkraft zahlenmäßig überlegen und schlagkräftig bleiben würde.

Die deutsche Heeresgruppe Süd und die 6. Armee bekamen die Veränderung schnell zu spüren. Der harte Widerstand ließ zugunsten einer hinhaltenden Verteidigung nach. Trotz großen Raumgewinns blieb die Zahl der zerschlagenen sowjetischen Divisionen eher kläglich. Nach heftigen Meinungsverschiedenheiten mit Feldmarschall Bock ersetzte Hitler diesen am 15. Juli 1942 durch Generaloberst Maximilian von Weichs. Hitler ging alles zu langsam, glaubte er doch angesichts deren vermeintlicher »Flucht«, die Rote Armee sei geschlagen. Er gab daher am 23. Juli 1942 die »Weisung Nr. 45«, die Offensive gleichzeitig in zwei Angriffsrichtungen zu führen und die Heeresgruppe zu teilen. Die Heeresgruppe A unter Generalfeldmarschall Wilhelm List sollte im Unternehmen »Edelweiß« mit der 1. Panzerarmee, der 4. Panzerarmee und der 17. Armee den Kaukasus sowie die Ölfelder von Maikop und Grosny erobern. Die Heeresgruppe B erhielt den Auftrag, den Vorstoß der Heeresgruppe A durch den Aufbau einer Verteidigung entlang des Dons zu decken. Dafür waren die deutsche 2., die ungarische 2. und italienische 8. Armee, später auch die rumänische 3. Armee vorgesehen. Die 6. Armee sollte wiederum mit der von Süden kommenden 4. Panzerarmee die Rote Armee in der Region von Stalingrad zerschlagen.

Der Vormarsch der 6. Armee entwickelte sich zufriedenstellend. Die Panzerspitzen stießen bei geringem Widerstand weit vor, doch Infanterie und Artillerie konnten nur langsam folgen. 950 Kilometer zu Fuß bis zum Don zurückzulegen war eine große Strapaze für die Soldaten. Zudem wurden die Nachschubwege immer länger. Panzervorstöße blieben liegen, weil Hitler den Großteil des Treibstoffs der Heeresgruppe A zugeordnet hatte. Hunger litten die Soldaten hingegen nicht: Kartoffeln, Rüben und Fleisch nahmen sie, wie befohlen, den Bewohnern des Landes ab. Manch Bauer verlor seine letzte Kuh und sein Federvieh. Die Not wurde an die Bevölkerung weitergegeben, doch Nahrung wurde in der kargen Steppe immer rarer.

In den letzten Julitagen wuchs der sowjetische Widerstand, und es wurde deutlich, dass der Durchbruch zur Wolga sowie die Einnahme Stalingrads nur in langwierigen Kämpfen möglich sein würden. Die sowjetische 62. Armee sollte den Stalingrader Raum verteidigen und hatte alle Löcher in der Front zu stopfen. Stalin wollte unbedingt die Stadt halten, die seinen Namen trug. Mit der 64. Armee kam Generalleutnant Wassili Tschuikow an den Don und übernahm am 10. September 1942 den Oberbefehl über die 62. Armee. Sie sollte fortan auch die Hauptlast der Verteidigung von Stalingrad tragen. Fast fünf Monate würde das Duell der beiden Armeeführer Tschuikow und Paulus in der Schlacht um Stalingrad dauern.

Nachdem die Wehrmacht am 17. Juli den mittleren Don erreicht hatte, gingen im Norden die Gruppen Wietersheim und Seydlitz bis Kalatsch vor. Die Gruppe Hoth rückte von Süden heran, während die Masse von

Vasili Iwanowitsch Tschuikow wurde 1900 im Oblast Moskau geboren und erlernte zunächst das Schlosserhandwerk. Mit 18 Jahren trat er der Roten Armee, 1919 der Kommunistischen Partei bei. Er galt als fähiger Militär. 1925 schloss er die Frunse-Militärakademie in Moskau erfolgreich ab. Bei der Okkupation Polens 1939 führte Tschuikow die 4. Armee, beim Überfall auf Finnland im Winter 1939/40 die 9. Armee. In der Schlacht von Suomussalmi erlitt seine Armee eine blutige Niederlage. Danach war Tschuikow in China Militärattaché. Im Sommer 1942 wurde er zur Westfront bei Stalingrad beordert.
Der zehn Jahre ältere **Friedrich Wilhelm Paulus** stammte – wie auch Tschuikow – aus kleinbürgerlichen Verhältnissen. Seine Karriere beruhte auf operativer Begabung, Intelligenz und Anpassungsgabe. Der als zögerlich geltende Paulus fand vorwiegend Verwendung in Stabsstellungen und hatte seit 1935 kein Truppenkommando mehr. Im Januar 1942 übernahm er den Oberbefehl über die 6. Armee und bewährte sich im Mai bei der Kesselschlacht um Charkow. Dafür erhielt er das Ritterkreuz. Auch beim Vorstoß zum Don verstand Paulus die 6. Armee zu führen. Bei Kalatsch errang er im August 1942 einen der letzten Siege der Wehrmacht in einer großen Panzerschlacht.

Paulus' 6. Armee frontal von Westen angriff. Den Raum um Kalatsch, etwa 80 Kilometer westlich von Stalingrad, verteidigten die neuaufgestellte sowjetische 1. Panzerarmee sowie große Teile der 62. Armee. Ihr hartnäckiger Widerstand zwang die 6. Armee, sämtliche Kräfte zu entfalten. Paulus entschied sich für eine Zangenbewegung, um die Verteidiger vor Stalingrad zu zerschlagen. Am 7. August trafen die beiden Zangenarme bei Kalatsch zusammen, woraufhin sie die sowjetischen Kräfte der 62. Armee und der 1. Panzerarmee einkesselten. Das Gros der sowjetischen Truppen wurde bis zum 11. August bei Kalatsch zerschlagen. 57 000 Soldaten kapitulierten. Doch es gelang der Roten Armee, Brückenköpfe am Don zu halten und Einheiten zurückzuziehen.

Die 62. Armee sollte während der Schlacht um Stalingrad mehrfach neu aufgestellt und verstärkt werden. Die »neue« 62. Armee entsprach mit zwölf Divisionen und acht Brigaden keiner »normalen« Armee, sondern war mit über 200 000 Mann der verstärkten deutschen 6. Ar-

Zerstörter sowjetischer Panzer T-34 bei Kalatsch

mee vergleichbar. Neben der 62. Armee verfügte die Stalingrader Front über die 64. und die 57. Armee. Später griff auch die 51. Armee in das Geschehen ein. In ihrer Stärke entsprachen diese Armeen mit vier bis fünf Divisionen jeweils eher einem deutschen Armeekorps.

Den Angriff auf Stalingrad führte die 6. Armee mit dem LI. Armeekorps (geführt von General der Artillerie Walther von Seydlitz), dem XIV. Panzerkorps (General der Infanterie Gustav von Wietersheim), dem XI. Armeekorps (General der Infanterie Karl Strecker), dem VIII. Armeekorps (General der Artillerie Walter Heitz) sowie dem IV. Armeekorps (General der Pioniertruppen Erwin Jaenecke) mit jeweils drei Divisionen. Unterstützt wurden sie von der Luftflotte 4 (Generaloberst Wolfram Freiherr von Richthofen) und dem VIII. Fliegerkorps (Generalleutnant Martin Fiebig). Bis zum 12. August hatten deutsche Truppen den gesamten Donbogen besetzt. Am 19. August gab General Paulus seinen Truppen den Befehl zum Vorrücken auf Stalingrad. Die Stadt sollte durch die 6. Armee von Nordwesten her und durch die 4. Panzerarmee von Südwesten her attackiert werden.

Stalingrad: Das Objekt der Begierde

Stalingrad – das ehemalige Zarizyn – war im Bürgerkrieg 1918/19 durch die Bolschewiki, unter ihnen Stalin, gegen die weißgardistische Armee verteidigt worden, sodass den Gegnern der Durchbruch zur Wolga nicht gelang. 1925 ließ Stalin die Stadt auf seinen Namen taufen, weil er sich den frühen Sieg auf seine Fahnen schrieb. Seit den 1930er Jahren entwickelte sich Stalingrad zu einer bedeutenden Industriemetropole, die von ihrer verkehrstechnisch günstigen Lage am größten Strom Europas profitierte. Über die Wolga mit ihren Nebenflüssen und Kanälen konnte etwa ein Drittel der europäischen Sowjetunion erreicht werden, weshalb aus Stalingrad vor dem Krieg jährlich über 30 Millionen Tonnen an Waren verschifft wurden. 1941 lebten etwa 500 000 Menschen in der Stadt. Im Sommer 1942 erzeugte der deutsche Vormarsch einen Flüchtlingsstrom, der die Einwohnerzahl auf 900 000 ansteigen ließ.

Die Industriestadt Stalingrad vor der Zerstörung 1941

Stalingrad erstreckte sich damals, umgeben von Steppenlandschaft, auf fast 50 Kilometern Länge und bis zu sieben Kilometern Breite am hügeligen Westufer der Wolga. Die Wolga ist an dieser Stelle zwei Kilometer breit und bildet kleine sowie größere Inseln – ein Terrain, das den Verteidigern 1942 zugutekam. Das Ufer der Wolga ragt im Westen hoch auf. Typisch sind die Erosionsschluchten, die sogenannten Balkas, die im westlichen Vorgelände der Stadt beginnen, sich durch das Stadtgebiet ziehen und in die Wolga münden. Im Norden begrenzen der Fluss Mokraja-Metschetka und die Schlucht der Wischnewaja Balka die Stadt, die die Verteidiger als natürliche Hindernisse gegen die Wehrmacht nutzten. Zehn Kilometer nordwestlich lag Stalingrads Flughafen Gumrak.

Im nördlichen Teil der Stadt befanden sich die Industriebetriebe, namentlich die großen Industriewerke: Von Norden nach Süden kommend fand man zuerst das auf Panzerproduktion umgestellte Traktorenwerk »Dserschinski«, dann die Geschützfabrik »Rote Barrikaden«,

das Panzerstahl und Artilleriemunition produzierende Elektrostahlwerk »Roter Oktober« und schließlich die Ölraffinerien. Aus Stalingrad bezog die Rote Armee einen großen Teil ihrer Panzer T-34, Geschütze, Granaten, Minen und Bomben. Stalin war daran interessiert, die Produktion so lange wie möglich fortzuführen. Die erbitterten Kämpfe um die Ruinen ließen diese Namen später berühmt werden, auch deshalb, weil viele der Arbeiter in Milizen die selbst produzierten Waffen zur Verteidigung gegen den Feind anwendeten. Nordwestlich befand sich der operativ bedeutende Mamajew-Hügel, an dessen Fuß das Chemiekombinat »Lasur« und die Eisenbahnschleife mit dem Spitznamen

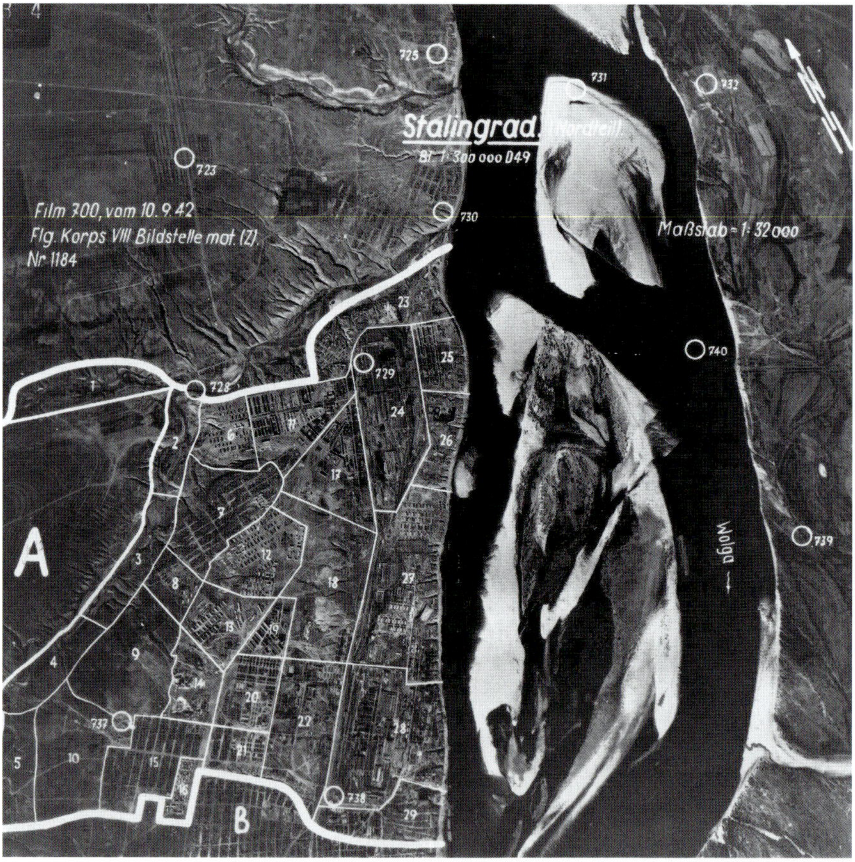

Aufnahme der deutschen Luftwaffe von Stalingrad am 17. September 1942

Die Wolga ist erreicht. Soldaten der 16. Panzerdivision sichern die Stellung nördlich von Stalingrad.

»Tennisschläger« lagen. In Mitte und Süden schlossen sich die Altstadt und weitere Vororte an.

Am 23. August 1942 durchstieß im Norden das XIV. Panzerkorps die sowjetische Verteidigung und erreichte das Wolgaufer nahe Rynok, dem nördlichen Vorort von Stalingrad. Der kühne Vorstoß war gefährlich, denn das Panzerkorps sah sich nun von sowjetischen Truppen umringt und heftigen Attacken ausgesetzt. Zeitweilig wurden Einheiten des Panzerkorps am Wolgaufer eingekesselt. Nachdem der Kommandierende General von Wietersheim die Erlaubnis zum Rückzug erbeten hatte, wurde er seines Kommandos enthoben. Das Korps übernahm Generalleutnant Hans Valentin Hube. Hitler verbot den Rückzug, und das Korps ging zur Verteidigung über.

Am 1. September 1942 durchbrach die Wehrmacht den Verteidigungsring vor der Stadt. Die sowjetische 64. Armee musste nach Süden ausweichen, sodass die 62. Armee fortan bei der Verteidigung der Stadt auf sich allein gestellt war. Das eigentliche Ziel des deutschen Angriffs, die Stadt als Rüstungszentrum und Verkehrsknotenpunkt auszuschalten, war damit erreicht. Hitlers Befehl indes, die Stadt vollständig einzunehmen, erforderte den Einsatz der kampfkräftigsten Verbände, vor allem aber der Infanterie. Die Verbände der 6. Armee waren nach dem langen Weg zur Wolga sowohl abgekämpft als auch unterversorgt mit Munition, Treibstoff, Waffen und Personal. Zudem besaß die 6. Armee keine Erfahrung im Stadtkampf.

Der Kampf um die Stadt

Ab dem 23. August 1942 griff die deutsche Luftflotte 4 unter Generaloberst Wolfram von Richthofen Stalingrad in einem systematischen Flächenbombardement an. Ziel der Angriffe war es, Stalingrad als industrielles Zentrum auszuschalten, aber auch die Verteidiger zu demoralisieren. In der nicht evakuierten Stadt starben Tausende Zivilisten. Stalin hatte die Einwohner sozusagen als Geiseln genommen, um den Verteidigungswillen der Rüstungsmetropole zu stärken. Die Angriffe der deutschen Luftwaffe und Artillerie verwandelten die Stadt in ein Trümmerfeld. Das aber sollte letztlich dem Verteidiger mehr nutzen als den Angreifern. Die Ruinen verbarrikadierten die Stadt, boten den Verteidigern reichliche Deckungsmöglichkeiten und brachten den Ortskundigen mehr Vorteile als den Eindringlingen.

Paulus verlagerte den Angriff nun auf das südwestliche Vorfeld von Stalingrad. Die 4. Panzerarmee und das LI. Armeekorps hatten sich an die Stadt inzwischen herangekämpft. Am 3. September erreichte das

XXXVIII. Panzerkorps unter General der Panzertruppen Werner Kempf das Kasernengelände am Südwestrand Stalingrads. Die Spitzen des LI. Armeekorps waren zu diesem Zeitpunkt nur noch acht Kilometer vom Stadtkern entfernt. Stalin legte nun die Verteidigung der Stadt in die Hände von Generaloberst Andrei Jeremenko und verhängte den Belagerungszustand. Bereits am 28. Juli 1942 hatte Stalin seinen berüchtigten Haltebefehl Nr. 227 erlassen. Fortan gingen Erschießungskommandos hinter der Front gegen sowjetische Soldaten vor, denen Feigheit vorgeworfen wurde. Außerdem wurden Strafbataillone aufgestellt.

Am Morgen des 13. September 1942 startete der deutsche Großangriff auf die Stadt mit einer erneuten Bombardierung durch die deutsche Luftwaffe und massivem Beschuss durch die Feldartillerie auf den inneren befestigten Verteidigungsgürtel. Gegen 8:00 Uhr trat die 295. Infanteriedivision an und bewegte sich auf den Mamajew-Hügel zu. Er war mit seinen 100 Metern Höhe, aber auch seiner Lage zwischen dem Stadtzentrum und der sich nördlich anschließenden Industriemetropole ein taktisch wichtiger sowie schwer umkämpfter Punkt. Gleichzeitig rückte die 71. Infanteriedivision gegen den Stalingrader Hauptbahnhof und den zentralen Fähranleger in der Innenstadt vor. Am Folgetag sah sich Tschuikow gezwungen, seinen Armeegefechtsstand vom Mamajew-Hügel in die Zarizaschlucht zu verlegen, am 20. September

Ein Sturzkampfbomber vom Typ Junkers 87 (Stuka) über Stalingrad

Der deutsche Vormarsch auf Stalingrad, 5.9. bis 18.11.1942

dann an das Steilufer der Wolga, 800 Meter nördlich des Stahlwerkes. Von dort aus leitete Tschuikow, für deutsche Granaten unerreichbar, die Verteidigung der Stadt bis zum Ende der Schlacht.

Am 14. September 1942 gelang es der deutschen 71. Infanteriedivision am Hospital durchzubrechen und in die nördliche Innenstadt vorzudringen. Stoßtrupps näherten sich dabei dem Wolgaufer bis auf 100 Meter. Die Rote Armee verlor wichtige Gebäude. Wegen der prekären Lage ließ Tschuikow Verteidigungsverbände aus Polizei, Feuerwehr und Fabrikarbeitern aufstellen und Häuser zu Festungen erklären, die es um jeden Preis zu halten galt. Der Hauptbahnhof wechselte in den Folgetagen 13-mal seinen Besitzer, und sowjetische Gardeschützen konnten so manches Haus, etwa die backsteinerne Grudininmühle, zurückerobern. Am erbittertsten waren die Kämpfe am Mamajew-Hügel und beim Getreidesilo. Letzterer fiel erst am 21. September in die Hände der Angreifer.

Deutsche Infanterie und ein Sturmgeschütz III der Wehrmacht sammeln sich in einer der Balkas zum Angriff auf die Höhe 102 zwischen dem Stadtzentrum und dem Industriegebiet.

In den folgenden Tagen eroberten die Deutschen weiteres Gelände in der Mittelstadt. Am 17. September vereinigten sich die Spitzen der 6. Armee mit den von Süden vorstoßenden Einheiten der 4. Panzerarmee an der Zarizaschlucht. Drei Tage später eroberten die Deutschen die Nagelfabrik und das Kaufhaus »Uniwermag«, dessen Verteidiger den deutschen Beschuss nicht überlebten. Am 26. September war der Großteil der Altstadt genommen, und auf dem Parteigebäude wehte die deutsche Hakenkreuzfahne. Tschuikows Versuch, mit der 10 000 Mann starken 284. Schützendivision den Raum zwischen dem Stahlwerk »Roter Oktober« und dem Mamajew-Hügel zu sichern, scheiterte unter großen Verlusten. Wehrmachtsoldaten des Infanterieregiments 194 erreichten nun das Wolgaufer nahe der Moskauer Straße und spalteten die 62. Armee in zwei Teile.

Die Schilderung verdeutlicht, dass im Laufe der Kämpfe die Einheiten auf beiden Seiten gewaltige Verluste erlitten. Alle 20 Sekunden, so aktuelle Berechnungen, starb in der Stadt ein sowjetischer Soldat. Ein gewöhnlicher Soldat überlebte höchstens einen Tag, ein Unteroffizier zwei, ein Offizier drei, ein Bataillonskommandeur sieben und ein Regi-

Die zerstörte Innenstadt mit dem berühmten Barmaley-Brunnen vor dem zerbombten Hauptbahnhof

Sowjetische Soldaten kämpfen um jeden Meter in der Stadt.

mentskommandeur 20 Tage. Viele Regimenter, die sonst 3000 Mann stark waren, verfügten nur noch über 100 Soldaten. Auf sowjetischer Seite kam der Nachschub über die Wolga. Unter dem Schutz des westlichen Steilufers und durch die am Ostufer zusammengezogene Artillerie unterstützt, wurden ständig Reserven nachgeführt. Doch bereits dort konnte ein Regiment von deutschen Bombern und Artillerie beschossen werden und so ein Drittel seiner Soldaten einbüßen. Der Fluss war voller Blut und Leichen. Doch auch auf deutscher Seite waren die Verluste gewaltig. Kompanien der 295. und 71. Infanteriedivision hatten während der Gefechte 80 bis 90 Prozent ihrer Soldaten verloren. Große Verluste gab es bei Offizieren, die bevorzugt Opfer der sowjetischen Scharfschützen wurden. Es musste ständig umgruppiert und Ersatz herangeschafft werden.

Nachdem der größte Teil der Süd- und der Altstadt in deutschen Händen war, plante Paulus, die noch nicht besetzte Nordstadt von Süden und Westen her aufzurollen, um die Industriewerke Stück für Stück aus der Verteidigungsfront herauszubrechen. Der zweite Angriff starte-

Wehrmachtsoldaten in den Trümmern des Traktorenwerks »Roter Oktober«

te mit der 305. und der 389. Infanterie- sowie der 14. Panzerdivision aus westlicher Richtung, während vom Süden her Teile der 24. Panzerdivision attackierten. Die 14. Panzerdivision brach bis zur Wolga durch, das Traktorenwerk sowie die Ziegelei konnten im ersten Ansturm genommen werden. In den Folgetagen fand ein wechselvoller Kampf um die Geschützfabrik statt, und die 79. Infanteriedivision besetzte Teile des Metallurgischen Werkes. Stalingrad war damit fast vollständig in deutscher Hand.

Bis Ende Oktober waren die Reste der sowjetischen 62. Armee eingekeilt zwischen den Fabriken »Roter Oktober« und »Rote Barrikaden«. In ihrem Rücken lagen der Steilhang mit dem Stab von Tschuikow und die Wolga. Drei Brückenköpfe besaßen die sowjetischen Verteidiger noch: Die 138. Schützendivision hatte sich in einem 300-Meter-Streifen in der Geschützfabrik halten können, nördlich davon verteidigte die 124. Schützenbrigade ein kleines Areal und die 13. Gardedivision einen Brückenkopf von immerhin noch einigen Kilometern Länge, der jedoch nur wenige hundert Meter breit war.

Mitte November schien die Lage für Tschuikow aussichtslos. Selbst der Nachschub war äußerst schwierig heranzuschaffen, weil die deutsche Artillerie fast das ganze westliche Ufer beherrschte und den sowjetischen Transportschiffen auf der Wolga schwere Verluste beibrachte. Und doch musste die 6. Armee ihre letzten Angriffe östlich der Geschützfabrik und des Metallurgischen Werkes am 15. November abbrechen, weil ihre eigenen Reihen beträchtlich dezimiert waren. Die Divisionen hatten ihre Kampfkraft verschlissen, die Kampfmoral war stark gesunken. Die 6. Armee verließen die Kräfte in den Ruinen von Stalingrad. Sie hatte über 70 000 Mann, 1000 Panzer, 1400 Flugzeuge und unzähliges Kriegsmaterial verloren. Genaue Zahlen der sowjetischen Verluste sind nicht bekannt. Sie übertrafen die deutschen jedoch um ein Vielfaches.

Drohende Vorzeichen

Derweil waren die Flanken der Heeresgruppe B weitgehend entblößt. Ihre Nordflanke dehnte sich von der Grenze zur Heeresgruppe Mitte über 800 Kilometer dem Verlauf des Don folgend bis zur Wolga. Diese Front sicherte im Nordwesten die 2. Armee. Am anderen Ende, im Südosten, stand die 6. Armee. Dazwischen waren auf 400 Kilometern mangels deutscher Truppen die ungarische 2., die italienische 8. und die rumänische 3. Armee für Verteidigungsabschnitte verantwortlich, deren Größe in keinem Verhältnis zu ihrer Kampfkraft stand. Die als Stützkorsett gedachten deutschen Divisionen waren nach und nach für den Stadtkampf in Stalingrad abgezogen worden. Über ernst zu nehmende operative Reserven verfügte die Heeresgruppe B nicht. Die Einheiten der Verbündeten hatten vor allem zu wenige Panzerabwehrwaffen, um sowjetische Panzerangriffe wirksam parieren zu können. Die rumänische 3. Armee verteidigte zudem einen taktisch ungünstigen Abschnitt mit zwei großen sowjetischen Brückenköpfen westlich des Don. Im Süden Stalingrads sah es nicht besser aus. An die 4. Panzerarmee schloss sich die rumänische 4. Armee an, doch die Frontlinie nach Süden konnte nur noch stützpunktartig verteidigt werden.

Im Oktober 1942 hatte Armeeoberbefehlshaber Paulus angesichts des bevorstehenden Winters und der Abnutzung seiner Truppen der Heeresgruppe und dem OKH den Abbruch der Kämpfe um Stalingrad sowie den Bezug einer Winterstellung vorgeschlagen. Der inzwischen notorische Betriebsstoffmangel führte bereits zu Stockungen des Angriffs, und die Schlammperiode ließ weitere drastische Einbrüche in der Versorgung der Truppe befürchten. Lange vor der Einschließung lebte die 6. Armee von der Hand in den Mund. Bis Mitte November hatte nicht einmal die Hälfte ihrer Soldaten Kälteschutzbekleidung erhalten. Die Versorgung mit Lebensmitteln hatte bereits den kritischen Punkt überschritten, seit drei Monaten herrschte Mangel. Allein unter logistischen Gesichtspunkten hätte die Armee ihre Stellungen an der Wolga räumen müssen. Zudem weckte die intensive Bindung der Kampfkraft der 6. Armee und der 4. Panzerarmee innerhalb Stalingrads Befürchtungen um die schwachen Flanken. Diese waren nicht unbegründet; es mehrten sich die Anzeichen einer sowjetischen Offensive.

Währenddessen bereitete die Rote Armee einen operativen Gegenschlag vor. Stalin war begeistert von dem Vorhaben, das ihm die Generale Georgi Schukow und Alexander Wassilewski im September 1942 vorschlugen. Am 13. September stimmte er der Operation »Uranus« zu. Die Schwäche der Rumänen in der Flankensicherung an Don und Wolga war der Stawka nicht verborgen geblieben. Die sowjetische Führung plante daher nun das, womit die Wehrmacht seit Kriegsbeginn ihre größten Erfolge gefeiert hatte – eine großräumige Zangenoperation ge-

Sowjetische Panzer auf dem Eisenbahnmarsch in Richtung Stalingrad

gen die rumänische 3. Armee im Nordwesten und die rumänische 4. Armee im Südosten. Sowohl die deutsche 6. Armee als auch die 4. Panzerarmee sollten eingekesselt und vernichtet werden. Mit einem anschließenden Stoß auf Rostow beabsichtigte die Stawka, der Heeresgruppe A den Rückzug aus dem Kaukasus abzuschneiden sowie den gesamten Südflügel der deutschen Ostfront zum Einsturz zu bringen. Für die Operation wurden fortan alle verfügbaren frischen Kräfte hinter Don und Wolga konzentriert.

Der Entwurf eines Ärmelschilds mit dem Getreidesilo in der Mitte. Das geplante Kampfabzeichen wurde nicht gestiftet.

Es waren keine militärischen Gründe, die Hitler trotz der Umstände an der Eroberung Stalingrads festhalten ließen. Vielmehr hatte die NS-Propaganda wochenlang den Fall der Stadt prophezeit, die den Namen seines ideologischen Erzfeindes trug. Bei einem Abbruch der Operation würde Hitler, so befürchtete er, als Verlierer dastehen. Der Umstand wog umso schwerer, als der SD in der deutschen Bevölkerung seit Monaten Zweifel am »Führer«-Mythos registrierte. Aus Prestigegründen kam eine Aufgabe Stalingrads für Hitler daher nicht in Frage. Er klammerte sich an die Einschätzung der Abteilung Fremde Heere Ost, die UdSSR sei zu keinen größeren Operationen mehr fähig.

Doch Anfang November verdichteten sich die Hinweise auf einen bevorstehenden Angriff. Die von der Heeresgruppe B nun hektisch eingeleiteten Maßnahmen sollten sich als der berühmte Tropfen auf den heißen Stein erweisen. Die Heeresgruppe versuchte mobile Reserven zu bilden und verlegte die verbliebenen Kräfte des XXXXVIII. Panzerkorps unter Generalleutnant Ferdinand Heim hinter die rumäni-

Panzersperre mit der Losung: »Nicht einen Deutschen lassen wir lebend aus Stalingrad heraus!«, Stalingrad 1942. Hinten an der Wand steht: »Und wie viele Deutsche hast du getötet?«

Sowjetischer Panzerangriff, Januar 1943

sche 3. Armee. Paulus wiederum stellte die »Gruppe Lepper« mit einer Panzerjagd- sowie einer schweren Artillerieabteilung, einem Pionier- und einem Flakbataillon zusammen, die den Ostflügel der Rumänen stützen sollte. Als sich die Angriffsvorzeichen verdichteten, ließ Weichs das Generalkommando des XVII. Armeekorps unter General der Infanterie Karl Hollidt hinter den linken Flügel der Rumänen verlegen und die »Alarmdivision Tschir« aufstellen. Doch die Nottruppen sollten sich der sowjetischen Offensive als nicht gewachsen erweisen. Dass eine sowjetische Zangenoperation bevorstand, erkannte die deutsche Aufklärung erst am 18. November. So nahm das Verhängnis seinen Lauf.

Operation »Uranus« und der Kessel von Stalingrad

> Vielleicht habt Ihr alle die Nachrichten gehört: Eine eingekesselte Panzerdivision kämpft heroisch um ihre Freiheit. Vielleicht genügt Euch das. Na ja, es war alles viel schlimmer anzusehen. Hätte aber toll für uns werden können. Kein Wasser, eisige Kälte, 8 Tage und Nächte keinen Schlaf, der Russe 100 Meter vor uns. Endlich am 26. November sind wir eben mit Gewalt ausgebrochen. Verpflegung und Munition, Benzin kam nur aus der Luft. Am 20. November hatten wir eine Verteidigungslinie zu halten. Die Rumänen ließen alles im Stich und hauten einfach ab. [...] Ich kann Dir nur sagen, es waren grausame Tage und Nächte. [...] Am 22. November mußte ich einen Spähtrupp führen. Ich bemerkte die Russen erst, als ich 15 Meter vor den Stellungen war. Kurz kehrtgemacht und da war es auch schon zu spät. Einen Paktreffer von 7,5 cm in den Tank und mein Benzin war alle. Zum guten Glück brannte die Kiste nicht aus, und ich konnte sie dann im Schutze von künstlichem Nebel abschleppen. Habe dem lieben Gott gedankt, daß er wieder einmal so wunderbar bei mir war.

Dies schrieb Unteroffizier Karl Eberhard Frank am 28. November 1942 seiner Frau. Was er beim Durchbruch der Roten Armee durch die rumänischen Stellungen erlebte, war der zweite Akt des Dramas der Schlacht von Stalingrad: der Anfang vom Ende der 6. Armee. Auch Frank sollte den Feldzug nicht überleben.

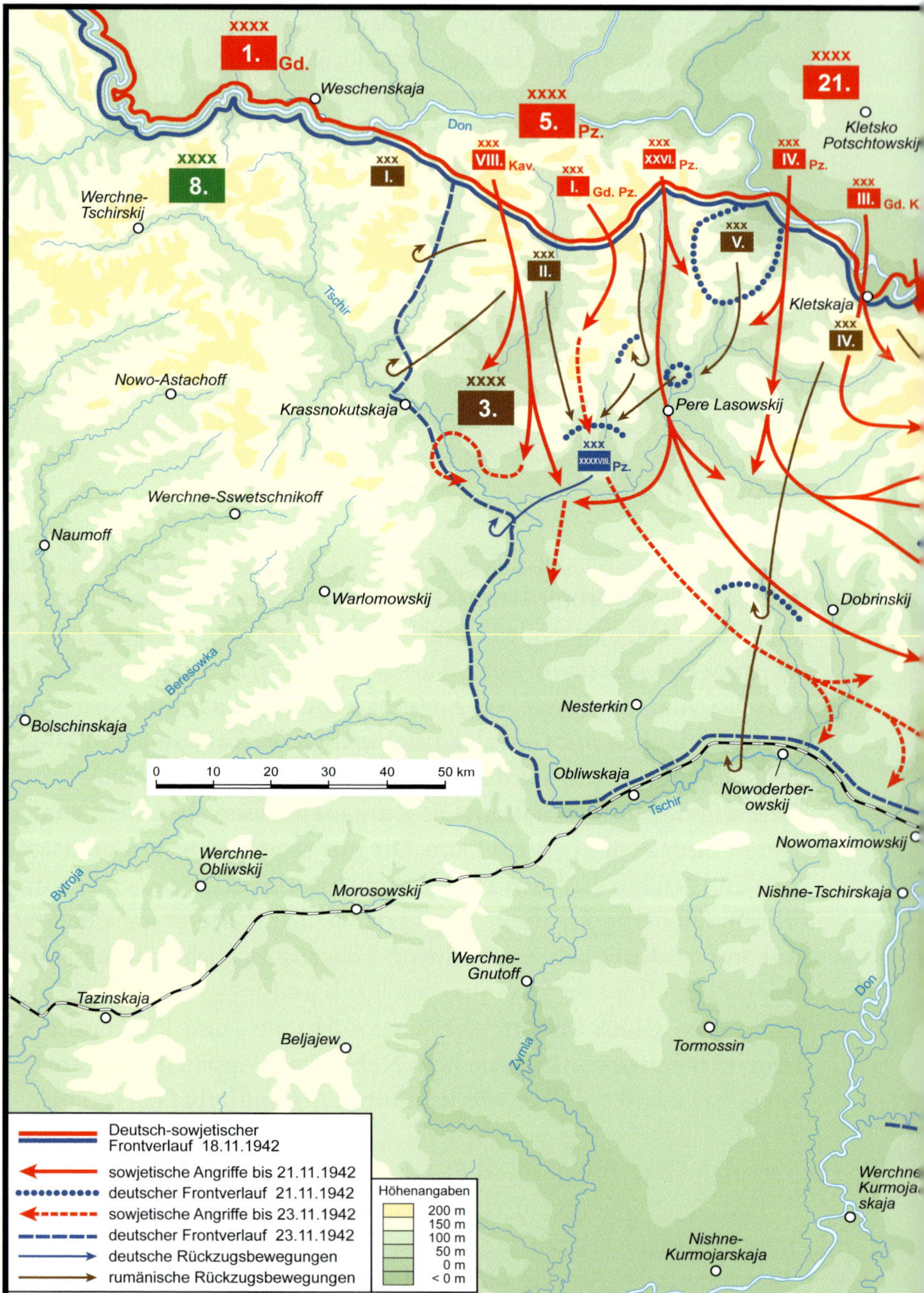

Quelle: Das Deutsche Reich und der Zweite Weltkrieg, Bd. 6, S. 1012.

Sowjetische Operation »Uranus« zur Einschließung der 6. Armee, 19.11. bis 23.11.1942

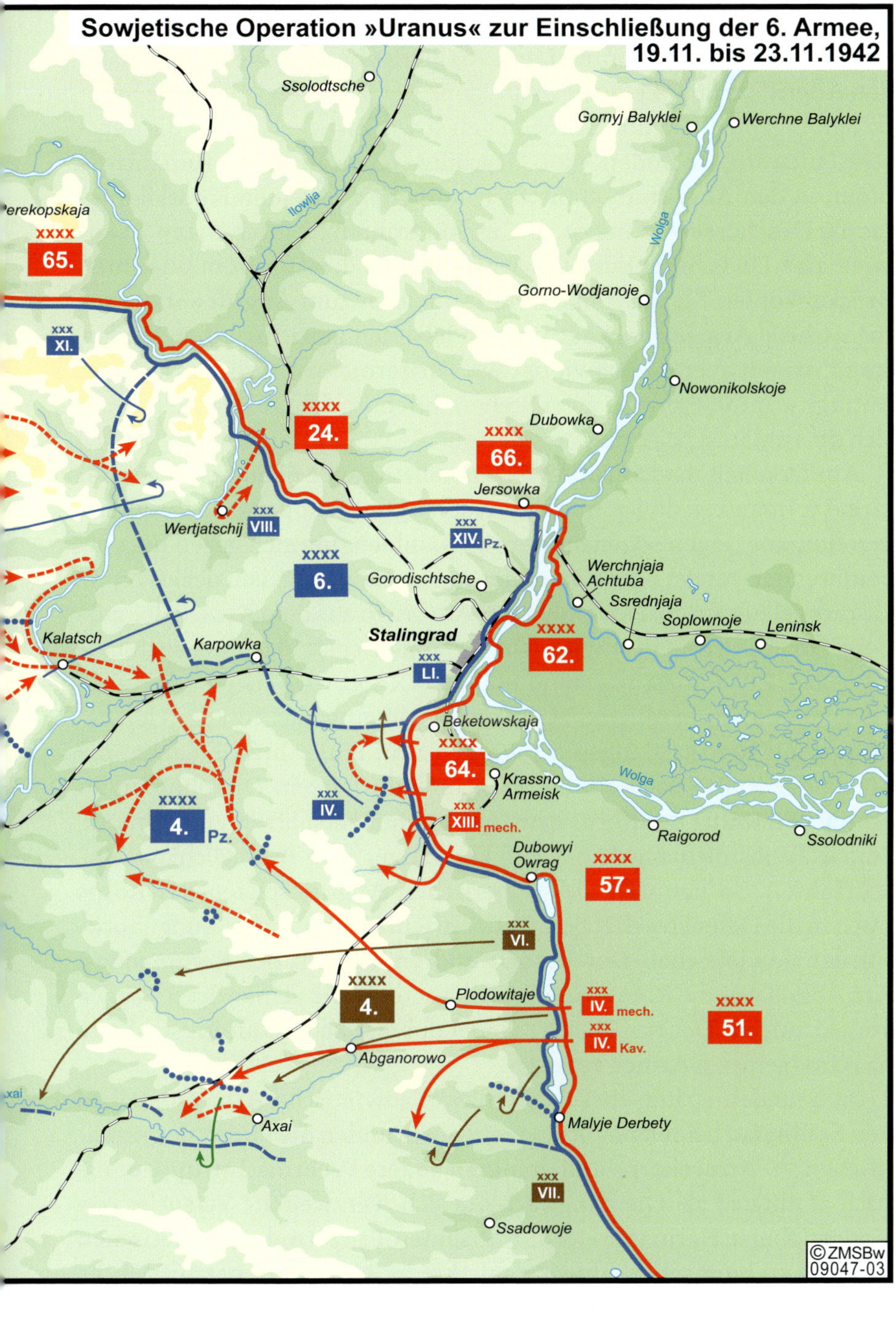

Die sowjetische Offensive »Uranus« begann in den Morgenstunden des 19. November 1942 mit einem Artillerieüberfall. Die Stawka hatte den Angriffszeitpunkt gut gewählt, denn der Winter war über die Steppe hereingebrochen, und Schneeregen sowie Eisnebel hielten die deutsche Luftwaffe am Boden. 3500 Geschütze feuerten auf die rumänische Front, in den Angriffsabschnitten trommelten auf einen Frontkilometer die Geschosse von bis zu 70 Geschützrohren. Danach traten 30 sowjetische Divisionen der Südwestfront und der Donfront aus ihren Brückenköpfen Kletskaja und Serafimowitsch zum Angriff auf die rumänische 3. Armee an. Die Rumänen leisteten zunächst zähen Widerstand, waren aber den sowjetischen Panzermassen nicht gewachsen. Mittags war die Front an zwei Stellen durchbrochen, und bald begann sich die rumänische Armee aufzulösen.

Am Don ließ der rumänische Generalleutnant Mihail Lascar aus der 5. und 6. Infanteriedivision sowie versprengten Truppen eine Rundumverteidigung, einen sogenannten »Igel«, bilden, um sich gegen die vorbeiflutenden sowjetischen Truppen zu verteidigen. Teilen der »Gruppe Lascar« gelang am 26. November der Ausbruch aus dem Kessel, der größere Teil aber geriet in sowjetische Gefangenschaft, darunter auch Lascar selbst. Zur Entlastung stand nur das XXXXVIII. Panzerkorps unter Generalleutnant Ferdinand Heim zur Verfügung, das von der Heeresgruppe auf Kletskaja angesetzt worden war. Hitler befahl jedoch, die Masse der Kräfte nach Nordwesten umzudirigieren. Die ohnehin zu schwachen Kräfte des Korps kamen daher nur zersplittert zum Einsatz, zumal Treibstoffmangel und defekte Panzer ihre Beweglichkeit einschränkten. So konnten die sowjetischen Angriffsspitzen das Korps rasch in die Defensive drängen. Hitler machte Heim zum »Sündenbock« für den sowjetischen Durchbruch und enthob ihn des Kommandos. Am Abend war die Rote Armee 35 Kilometer in die Flanke der 6. Armee vorgedrungen. Der rumänische Generaloberst Petre Dumitrescu hatte das Gros seiner 3. Armee verloren.

24 Stunden später überwanden zwei sowjetische Armeen südlich von Stalingrad bei Iwanowka in wenigen Stunden die Linien des rumänischen VI. Armeekorps und drängten andere Wehrmachttruppenteile nach Stalingrad ab. Die Zange schloss sich. Verzweifelte Versuche von Generaloberst Hermann Hoth, mit seinen Panzern den sowjetischen Vorstoß zu bremsen, schlugen fehl. Am 21. November befahl Weichs

Auflistung der eingeschlossenen Wehrmachts-Großverbände bei Stalingrad

6. Armee
(Generalfeldmarschall Friedrich Paulus)

Generalstab der 6. Armee (Generalleutnant Arthur Schmidt)

IV. Armeekorps
(General der Pioniere Erwin Jaenecke / später General der Artillerie Max Pfeffer)

29. mot. Infanteriedivision (Generalleutnant Hans-Georg Leyser)
297. Infanteriedivision (Generalleutnant Max Pfeffer / später Generalmajor Moritz von Drebber)
371. Infanteriedivision (Generalleutnant Richard Stempel)

VIII. Armeekorps
(General der Artillerie / später Generaloberst Walter Heitz)

76. Infanteriedivision (Generalleutnant Karl Rodenburg)
113. Infanteriedivision (Generalleutnant Hans-Heinrich Sixt von Arnim)

XI. Armeekorps
(General der Infanterie Karl Strecker)

Infanteriedivision »Hoch- und Deutschmeister« (Generalleutnant Heinrich Deboi)
376. Infanteriedivision (Generalleutnant Alexander Edler von Daniels)
384. Infanteriedivision (Generalleutnant Freiherr Eckhard von Gablenz)

XIV. Panzerkorps
(General der Panzertruppen Hans Hube / später Generalleutnant Helmuth Schlömer)

14. Panzerdivision (Generalmajor Martin Lattmann)
16. Panzerdivision (Generalleutnant Günter von Angern)
24. Panzerdivision (Generalmajor Arno von Lenski)

LI. Armeekorps
(General der Artillerie Walther von Seydlitz-Kurzbach)

3. mot. Infanteriedivision (Generalleutnant Helmuth Schlömer / später Oberst Jobst Freiherr von Hanstein)
60. mot. Infanteriedivision (Generalmajor Otto Kohlermann)
71. Infanteriedivision (Generalleutnant Alexander von Hartmann / später Generalmajor Fritz Roske)
79. Infanteriedivision (Generalleutnant Richard von Schwerin)
94. Infanteriedivision (Generalleutnant Georg Pfeiffer)
295. Infanteriedivision (Generalmajor Otto Korfes)
305. Infanteriedivision (Generalmajor Bernhard Steinmetz / später Oberst Albrecht Czimatis)
389. Infanteriedivision (Generalmajor Erich Magnus)

Zum Bestand des Armeekorps zählten ferner:

100. Jägerdivision (Generalleutnant Werner Sanne)
9. Flakdivision (Generalmajor Wolfgang Pickert)
Rumänische 1. Kavalleriedivision (Generalmajor Constantin Bratescu)
Rumänische 20. Infanteriedivision (Generalleutnant Nicola Tartaranu)
sowie Bau- und Pionierbataillone, Sanitätstruppen, zwei Einheiten der Organisation Todt

Es befanden sich 22 Divisionen und kleinere Einheiten mit insgesamt 260 000 Mann im Kessel von Stalingrad.

Quelle: Diedrich, Paulus, S. 251 f.

der 6. Armee, Stalingrad zu halten und den Ausbruch nach Westen vorzubereiten. Am 22. November flog Paulus mit seinem Stab nach Gumrak in den Kessel ein. Dieser war 60 Kilometer lang und 40 Kilometer breit, 60 Kilometer entfernt lagen die restlichen Verbände der Heeresgruppe. 22 Divisionen und über 160 selbstständige Truppenteile der 6. Armee und 4. Panzerarmee mit 230 000 Deutschen, 13 000 Rumänen und ca. 20 000 russischen Hilfswilligen im Dienste der Wehrmacht saßen in der Falle.

Paulus tat alles, was die taktische und logistische Lage erforderte. Er befahl die Rundumverteidigung, ließ unter dem Tarnnamen »Umbau« den Ausbruch nach Südwesten vorbereiten und bat Hitler um Handlungsfreiheit. Am 21. November hatte der Diktator das Halten von Stalingrad befohlen und am Vortag Generalfeldmarschall von Manstein zum Oberbefehlshaber der neu zu bildenden Heeresgruppe Don ernannt. Manstein wurden die 4. Panzerarmee und die 6. Armee sowie die Reste der beiden rumänischen Armeen unterstellt. Am 24. November übermittelte Manstein dem »Führerhauptquartier« die optimistische Lagebeurteilung, auch eine Luftversorgung der Armee sei möglich. Das sprach für die von Hitler bevorzugte Variante, nämlich die 6. Armee in Stalingrad zu belassen. Hitler beabsichtigte nämlich, dort wie bei Demjansk zu verfahren. In jener Stadt waren im Januar 1942 zwei deutsche Armeekorps mit 95 000 Mann eingeschlossen, aber bis zum Entsatz im April aus der Luft versorgt worden. So sollte auch Stalingrad gehalten werden. Doch Demjansk war nicht Stalingrad! Im Kessel saßen nicht 96 000, sondern 260 000 Mann fest, und der Kessel lag nicht 30 Kilometer, sondern mindestens 60 Kilometer von der Frontlinie entfernt.

Paulus beurteilte die Leistungsfähigkeit der deutschen Luftwaffe und die Möglichkeiten, einen Korridor zu schlagen, skeptisch. Doch Manstein ermahnte ihn zum Gehorsam, und Paulus fügte sich. Die Landser wiederum sahen die Einschließung als vorübergehend an und schenkten der vom Armeeoberkommando verbreiteten Parole Glauben: »Drum haltet aus, der Führer haut uns raus«. Mit jedem Tag, der nun verstrich, verringerten sich die Möglichkeiten der Armee, mit eigener Kraft den Einschließungsring zu durchbrechen.

Aus Furcht vor einem sofortigen Ausbruch der 6. Armee hatte die Stawka die Stalingrader Front in südwestlicher Richtung ihre Kräfte zusammenziehen lassen, um ausbrechende Einheiten im Zusammen-

Die Vernichtung der 6. Armee, 9.1. bis 29.1.1943

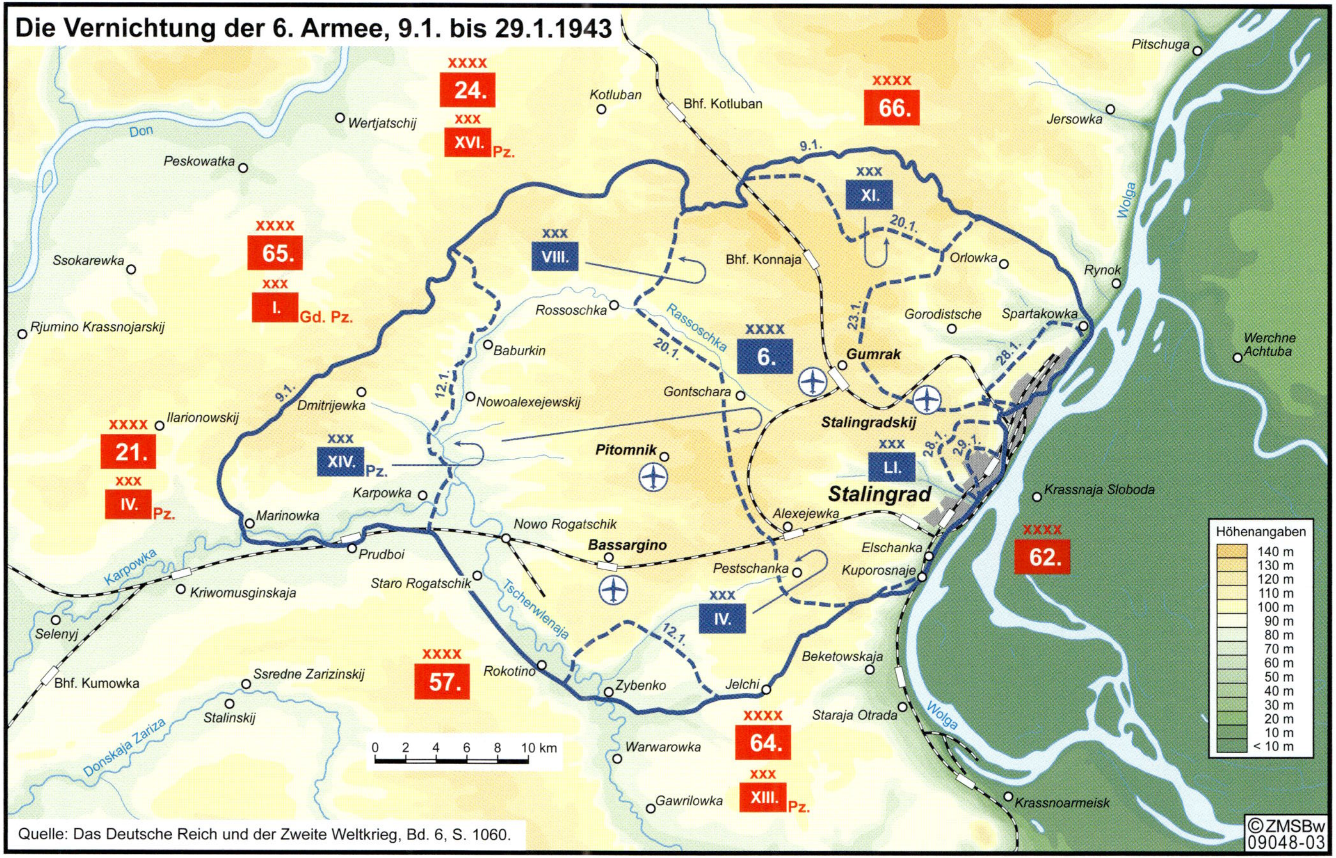

Quelle: Das Deutsche Reich und der Zweite Weltkrieg, Bd. 6, S. 1060.

168

Abschrift!

Armee-Oberkommando 6 — A.H.Qu., 27. November 1942
Abt. Ia

Fernspruch an Gen.Kdos. usw.
ab Rgt. mündliche Bekanntgabe!

Soldaten der 6. Armee!

Die Armee ist eingeschlossen: das ist nicht Eure Schuld. Zäh wie immer habt Ihr gehalten, bis der Feind uns im Rücken saß. Wir haben ihn hier gestellt. Er wird sein Ziel, uns zu vernichten, nicht erreichen.

Viel muß ich noch von Euch fordern: Anstrengungen und Entbehrungen in Kälte und Schnee, dabei Stehenbleiben und un-Euch-Hauen gegen jede Übermacht!

Der Führer hat Hilfe versprochen. Wir müssen halten, bis sie da ist. Wenn die ganze Armee wie ein Mann zusammensteht, schaffen wir es!

Drum haltet aus, der Führer haut uns raus!

Durchgabe an
Gr. Heitz
IV. A.K.
LI. A.K.
XIV. Pz.K.
9. Flakdiv.

Der Oberbefehlshaber:
gez. Paulus
General der Panzertruppen.

30.11.42

Durchhaltebefehl von Paulus, 27. November 1942

wirken mit den Luftstreitkräften zu zerschlagen. Zugleich sollte der äußere Belagerungsring durch Angriffe der Südwestfront und der Woronescher Front um 150 Kilometer westwärts verschoben werden. Im Süden war mit der Operation »Saturn« ein Vorstoß auf Rostow geplant. Da die sowjetischen Stoßkräfte nicht ausreichten, um beide Operationen auszuführen, wurde »Saturn« auf einen Stoß gegen die italienische 8. Armee reduziert, der am 16. Dezember beginnen sollte. Damit sollte die 6. Armee im Kessel endgültig isoliert werden.

Hoffen auf Befreiung

Am 1. Dezember erteilte Hitler der Heeresgruppe Don die Weisung, mit der 4. Panzerarmee ostwärts des Don aus dem Raum Kotelnikowski anzugreifen und das 120 Kilometer entfernte Stalingrad zu entsetzen. Das OKH hatte aus taktischen Gründen nicht die kürzeste Verbindung zum Kessel gewählt, weil dort der stärkste Widerstand vermutet wurde. Hitler hatte für den Entsatz 20 Divisionen versprochen, doch nun traten lediglich zwei Panzerkorps mit sechs Divisionen unter General Hoth zur Offensive an. Manstein selbst war keineswegs von einem durchschlagenden Erfolg der Operation »Wintergewitter« überzeugt, hoffte aber, die 6. Armee könne im Unternehmen »Donnerschlag« Hoth entgegenstoßen. Am 12. Dezember trat das LVII. Panzerkorps mit nur zwei Panzerdivisionen zum Angriff an. Manstein gelang es später, Hitler davon zu überzeugen, zusätzlich die 17. Panzerdivision zur Unterstützung von der Kaukasus-Front abzuziehen. Am 19. gelang es, zwei Brückenköpfe über den Fluss Myschkowa zu bilden. 50 Kilometer trennten die Panzer vom Südrand des Kessels.

Darin war die Hoffnung noch groß. Mancher deutsche Soldat meinte, schon das Feuer der herannahenden Panzer zu hören. Gerüchte bestärkten ihre Zuversicht. Man erzählte sich von einer riesigen Armee, die anrücken werde. Andere meinten, dass es nach der Befreiung in den Urlaub nach Frankreich gehe. Hoffnung war freilich das Einzige, was den Landsern geblieben war. Auch Hoth gab sich optimistisch und funkte an Paulus: »Haltet aus, wir kommen«. Am 19. Dezember sollte der Tag der Rettung der 6. Armee sein. Manstein meldete Hitler, das Durchbrechen der 6. Armee unter Aufgabe von Stalingrad sei die letzte

Entsatzoffensive der Armeegruppe Hoth (»Wintergewitter«) vom 12. bis 19.12.1942

- deutsche Ausgangslage am 12.12.
- Vorstöße bis 14.12.
- Vorstöße bis 19.12.
- erreichte Linie bis 19.12.

0 10 20 30 40 50 km

Ortsnamen: W. = Werchne; N. = Nischne

Höhenangaben
200 m
100 m
0 m
< 0 m

Quelle: Das Deutsche Reich und der Zweite Weltkrieg, Bd. 6, S. 1037.

Möglichkeit, um die Masse der Soldaten und des noch beweglichen Materials zu retten. Doch Hitler hatte sich auf das »Modell Demjansk« versteift, er wollte Stalingrad nicht loslassen. Folglich befahl er, die Stadt zu halten und nur einen schmalen Korridor zu den Eingeschlossenen für die Versorgung freizukämpfen. Manstein wagte nicht, gegen Hitlers Entscheidung den Gesamtausbruch der 6. Armee »Donnerschlag« zu befehlen.

Warum aber riskierte Paulus nicht eigenmächtig den Ausbruch? Er hatte den besten Zeitpunkt für Widerstand bereits verpasst, denn angesichts der Versorgungslage der 6. Armee war das Vorhaben »Donnerschlag« längst aussichtslos. Betriebsstoff- und Munitionsmangel schränkten den Wirkungsradius der Angriffskräfte der Armee auf maximal 20 Kilometer ein. Bei einem Ausbruchsversuch wäre Paulus' Armee deckungslos in der Steppe liegengeblieben und von den überlegenen sowjetischen Truppen zerschlagen worden. Zudem hätte er eine große Zahl Verwundeter zurücklassen müssen. Der Ausbruch der gesamten Armee aus dem Kessel – bei allenfalls kurzfristiger Verbindung mit den Entsatzkräften – bezeichnete Paulus am 21. Dezember als »Katastrophenlösung«. Seine Furcht war nicht unbegründet, denn seit Tagen griffen sowjetische Einheiten die 6. Armee an der Ausbruchsfront an, um Material, Personal und Treibstoff der Ausbruchskräfte zu dezimieren.

Zudem saß der Entsatzoffensive der Feind bereits im Nacken. Am 16. Dezember hatte die Rote Armee die Operation »Kleiner Saturn« gegen die italienische 8. Armee begonnen und schwere Durchbrüche erzielt. Drei italienische und zwei deutsche Divisionen wurden zerschlagen. Manstein erkannte, dass er der 6. Armee angesichts der Kräfteverhältnisse vor seiner Heeresgruppe und der drohenden sowjetischen Umfassungsoffensive gegen seinen linken Flügel nicht mehr helfen konnte. Am Heiligen Abend gaben die deutschen Panzer ihre Stellungen an der Myschkowa auf. Das Schicksal der 6. Armee war damit besiegelt. Es gab nur noch eines: Kapitulation.

Der ruhmlose Untergang der 6. Armee

Bislang hatten die Soldaten der 6. Armee ihren Kampfeswillen aus der Überzeugung genährt, dass das Halten und die Bindung von sieben sowjetischen Armeen um den Kessel sowohl der Rettung der Heeresgruppe A im Kaukasus als auch der Stabilisierung der gesamten Südfront diene. Über 220 000 Mann zählte die Armee noch, davon waren allenfalls ein Zehntel Infanteristen. Doch die Zahl der auf der Lagekarte eingetragenen Verbände stand in keinem Verhältnis zu ihrer tatsäch-

Hungernde und frierende Soldaten der 6. Armee im Kessel, Januar 1943

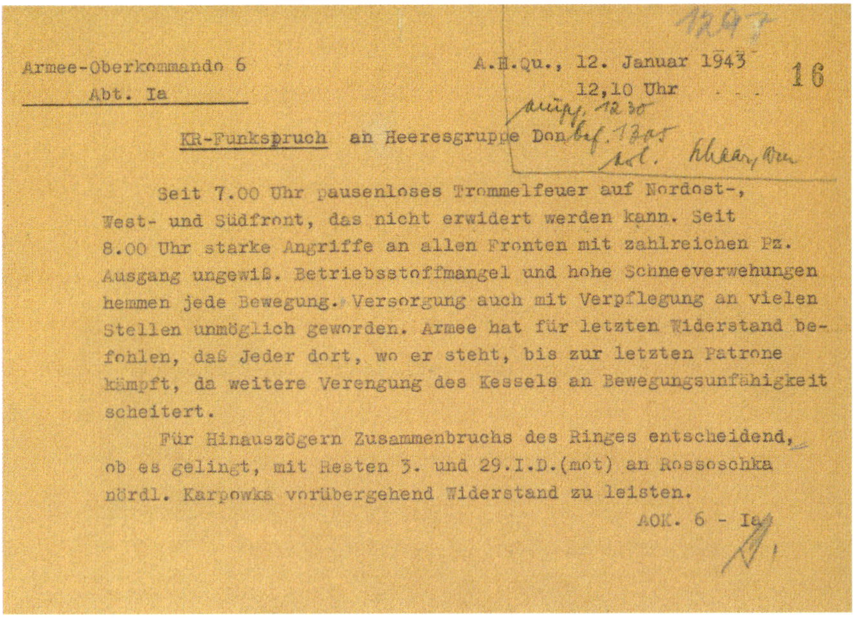

Armee-Oberkommando 6 A.H.Qu., 12. Januar 1943

Abt. Ia 12,10 Uhr

16

KR-Funkspruch an Heeresgruppe Don

Seit 7.00 Uhr pausenloses Trommelfeuer auf Nordost-, West- und Südfront, das nicht erwidert werden kann. Seit 8.00 Uhr starke Angriffe an allen Fronten mit zahlreichen Pz. Ausgang ungewiß. Betriebsstoffmangel und hohe Schneeverwehungen hemmen jede Bewegung. Versorgung auch mit Verpflegung an vielen Stellen unmöglich geworden. Armee hat für letzten Widerstand befohlen, daß jeder dort, wo er steht, bis zur letzten Patrone kämpft, da weitere Verengung des Kessels an Bewegungsunfähigkeit scheitert.

Für Hinauszögern Zusammenbruchs des Ringes entscheidend, ob es gelingt, mit Resten 3. und 29.I.D.(mot) an Rossoschka nördl. Karpowka vorübergehend Widerstand zu leisten.

AOK. 6 - Ia

Ein Funkspruch vom 12. Januar 1943 verdeutlicht die aussichtslose Lage.

lichen Kampfkraft. Mit den Truppen würden die Eingekesselten, wie Paulus am 26. Dezember an Manstein meldete, keinem Großangriff der Roten Armee standhalten. Und dennoch: Als am 8. Januar 1943 der Oberbefehlshaber der Don-Front, Generalleutnant Konstantin Rokossowski, die 6. Armee zur Kapitulation aufforderte, bat Paulus Hitler erneut nur um Handlungsfreiheit und befahl seinen Soldaten weiteren, sinnlosen Widerstand.

Stalin hatte seinerseits Rokossowski die Vernichtung der 6. Armee aufgetragen. Dafür wurden ihm auch die an der Wolga liegenden Verbände der 62., 64. und 57. Armee unterstellt. Die sowjetischen Kräfte waren zahlenmäßig mit 212 000 Mann den im Kessel verbliebenen 220 000 Soldaten nicht überlegen, besaßen aber weit mehr Artillerie sowie die dreifache Anzahl an Flugzeugen. Entscheidender jedoch war: Die Einheiten der 6. Armee waren abgekämpft und halb verhungert, auch verfügten sie über wenig Treibstoff und Munition, während die sowjetischen Truppen frisch aufgefüllt waren. Mit der Wahl der Hauptstoßrichtung von West nach Ost schuf Rokossowski das entscheidende

Sowjetische Soldaten greifen in den Ruinen der Stadt an.

Übergewicht. Von dort traten die 65. und 21. Armee an, während die 24. Armee die linke Flanke sicherte.

Nach einem beispiellosen Artillerieeinsatz begann am 10. Januar der Angriff gegen die Nordwest- und Südfront des Kessels. In knapp einer Woche wurde die von den Deutschen gehaltene Fläche auf ungefähr ein Drittel ihres früheren Umfangs zusammengedrückt, obwohl die 6. Armee heftigen Widerstand leistete, den Zusammenhalt ihrer Verbände wahren und die Aufspaltung des Kessels verhindern konnte. Der Groß-

teil der unbeweglich gewordenen schweren Waffen wurde zurückgelassen. Am 15. Januar eroberten sowjetische Truppen den Flugplatz Pitomnik – eine wesentliche Basis der Luftversorgung des Kessels. Mehrere deutsche Divisionen wurden dabei vernichtet.

Als der Roten Armee am 22. Januar ein breiter und tiefer Durchbruch der Südwestfront gelang, fragte Paulus in einem Funkspruch an das OKH: »Welche Befehle soll ich den Truppen geben, die keine Munition mehr haben und weiter mit starker Artillerie, Panzern und Infanteriemassen angegriffen werden? Schnellste Entscheidung notwendig, da

Hufe von Pferden, die von hungernden Soldaten zum Verzehr geschlachtet worden waren

Auflösung an einzelnen Stellen schon beginnt.« Damit schlug Paulus indirekt die Einstellung der Kämpfe vor. Auch Manstein regte in einem Ferngespräch mit Hitler Verhandlungen mit der Roten Armee an, sofern diese sich zur Einhaltung der Genfer Konventionen verpflichtete. Hitlers Reaktion war kurz und bündig: »Eine Kapitulation der 6. Armee ist schon vom Standpunkt der Ehre aus nicht möglich […]«.

Hitlers Kapitulationsverbot löste bei Paulus und seinem Stab Reaktionen aus, die rational nur schwer zu begreifen sind. Während der Kessel immer weiter auf die Fläche der Stadt Stalingrad zusammenschrumpfte, klammerte sich die Armeeführung an die Vorstellung, dass die kümmerlichen Reste der 6. Armee noch zur Rettung der Heeresgruppe A und zur Neuformierung der Abwehrfront im Süden beitragen könnten. Mit bizarren Treuebekundungen für »Führer« und Nationalsozialismus versuchten Armee- und Truppenführer dem Sinnlosen einen Sinn zu geben. Sie stilisierten den bevorstehenden Untergang der 6. Armee zu einem Lehrstück der Standhaftigkeit nationalsozialisti-

Die Endkämpfe in Stalingrad, 29.1. bis 2.2.1943

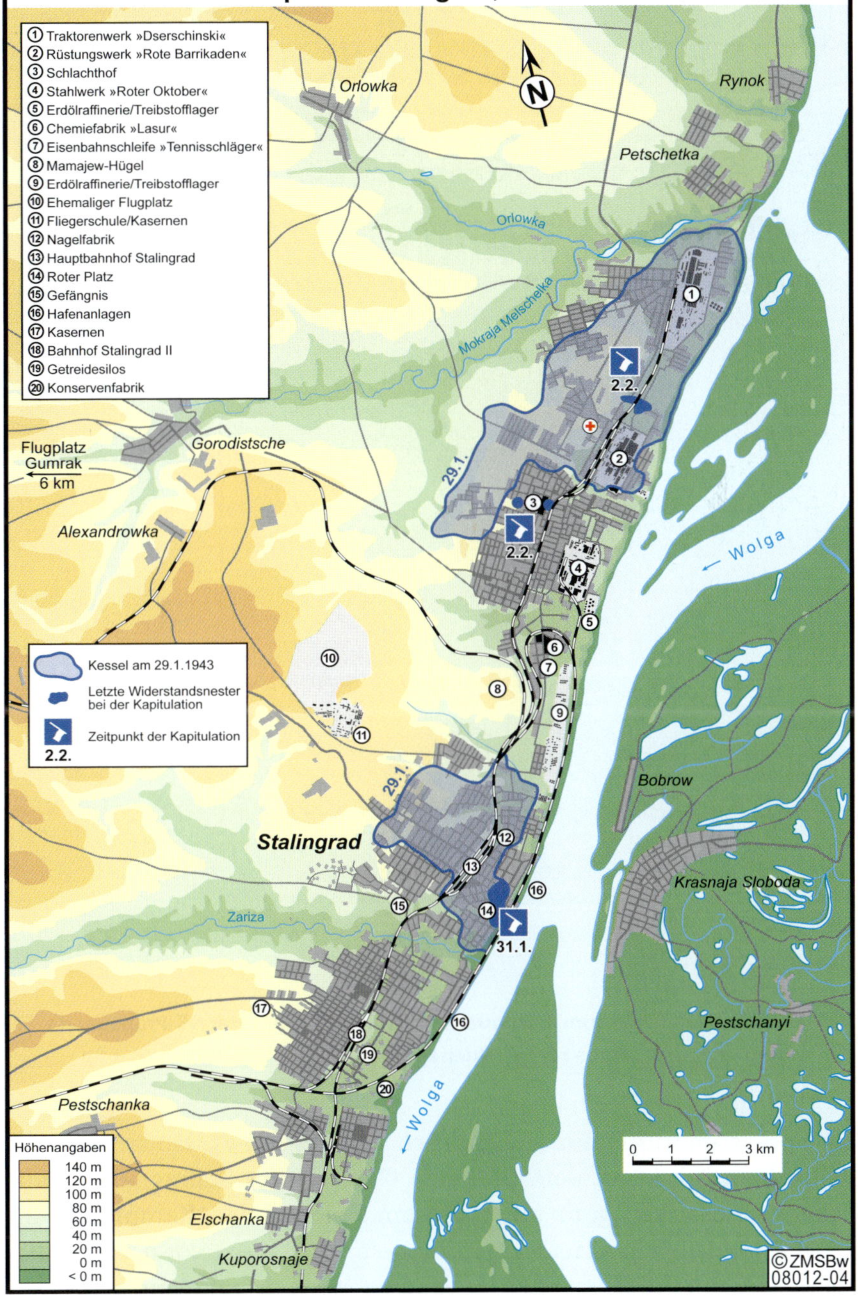

Berliner Ausgabe

Berliner Ausgabe

Berlin, Donnerstag, 4. Februar 1943

„Freiheit und Brot"

VÖLKISCHER BEOBACHTER

Kampfblatt der nationalsozialistischen Bewegung Großdeutschlands

Der Kampf der 6. Armee um Stalingrad zu Ende

Sie starben, damit Deutschland lebe

Getreu ihrem Fahneneid

Zweimal die Aufforderung zur Übergabe stolz abgelehnt

Die Helden der 6. Armee

Von Alfred Rosenberg

Unser Schwur: Vergeltung!

Der *Völkische Beobachter* vom 4. Februar 1943 macht im Sinne der NS-Propaganda den Untergang der 6. Armee zum »Heldenepos«.

schen Soldatentums. Ein Funkspruch meldete am 25. Januar, dass die Hakenkreuzfahne auf dem höchsten Gebäude des Stalingrader Stadtkernes gehisst sei, »um unter diesem Zeichen den Kampf zu führen«. Die Realität sah freilich ganz anders aus. Tags zuvor hatte die Armee »grauenhafte Zustände« im Stadtgebiet von Stalingrad gemeldet:

Generalfeldmarschall Paulus (l.) geht am 31. Januar 1943 in sowjetische Gefangenschaft.

Starkem feindlichen Artilleriefeuer fast pausenlos ausgesetzt, suchten »etwa 20 000 unversorgte Verwundete« in den Häuserruinen Schutz; dazwischen versteckten sich »ebenso viele Ausgehungerte, Frostkranke und Versprengte meist ohne Waffen«.

Am 25. Januar setzte die Rote Armee zum entscheidenden Schlag an. Die sowjetische 21. Armee brach von Westen her in Stalingrad ein, die 62. Armee griff von Osten an. Einen Tag später trafen sich die Stoßtrupps beider Armeen am Mamajew-Hügel. Der Kessel war in zwei Teile gespalten – den südlichen mit der Altstadt und den nördlichen mit den Fabriken »Rote Barrikaden« sowie dem Traktorenwerk. Die Reste des Generalstabes der 6. Armee befanden sich im Südkessel. Sie waren beim Stab der 71. Infanteriedivision untergekommen, die ihren Gefechtsstand im Kaufhaus »Univermag« im Stadtzentrum Stalingrads eingerichtet hatte. Ihren Kommandeur, Generalmajor Fritz Roske, hatte Paulus zum Kommandanten des Südkessels ernannt.

An wirkungsvollen Widerstand der 6. Armee war nicht mehr zu denken. Es muss Spekulation bleiben, warum Paulus nicht die moralische Stärke fand, aus eigenem Entschluss die Einstellung der Kämpfe zu befehlen. Stattdessen überließ er die Initiative seinen Generalen. Die

Kommandierenden Generale des IV. und LI. Korps, Pfeffer und Seydlitz, gaben immerhin Weisungen, die es ihren Kommandeuren freistellten, die Waffen zu strecken. Einige Offiziere versuchten, sich mit kleinen Kampfgruppen über Hunderte von Kilometern zu den eigenen Linien durchzuschlagen. Andere, wie der fanatische Nationalsozialist und Kommandierende General des VIII. Armeekorps, Generaloberst Heitz, befahlen noch in den letzten Kampftagen, dass jeder, der kapituliere oder die weiße Fahne zeige, zu erschießen sei.

In den folgenden Tagen verlor die 6. Armee, die kaum noch zu Widerstand fähig war, weite Teile des Stadtzentrums. Am 30. Januar 1943 tauchten sowjetische Soldaten vor dem Kaufhaus »Univermag« auf. General Roske nahm daraufhin das Gespräch mit der Roten Armee auf. Am 31. Januar wurden die Kämpfe um den Südkessel eingestellt, und Roske handelte mit dem Chef des Stabes der sowjetischen 64. Armee, Generalmajor Iwan Laskin, die Kapitulationsbedingungen aus. Der völlig apathische Paulus wurde von einem sowjetischen PKW abgeholt und fuhr an den langen Reihen seiner zerlumpten und entkräfteten Soldaten vorbei, die sich in die sowjetische Kriegsgefangenschaft schleppten. Im Nordkessel kämpften Reste des XI. Armeekorps unter General Karl Strecker noch zwei Tage länger einen sinnlosen Kampf. Dann war die Schlacht von Stalingrad vorbei.

Mit einem knappen Satz begann am 3. Februar 1943 die im deutschen Rundfunk verlesene Tagesmeldung des Oberkommandos der Wehrmacht: »Der Kampf um Stalingrad ist zu Ende. Ihrem Fahneneid bis zum letzten Atemzug getreu«, so erfuhren die vor dem Radio sitzenden Menschen, »ist die 6. Armee unter der vorbildlichen Führung des Generalfeldmarschalls Paulus der Übermacht des Feindes und der Ungunst der Verhältnisse erlegen.«

↗ **Deutscher Vormarsch 1942 in der Ukraine bei Charkow**

5 Der »Fall Blau« – Ursachen des operativen Scheiterns

Mit der Niederlage in Stalingrad endete die 1942 begonnene Sommeroffensive der Wehrmacht an der Ostfront in der Katastrophe. Das Unternehmen hatte von Anfang an gravierende Schwächen gehabt, denn es begann bereits unter ungünstigen Voraussetzungen und wurde von vielen Störungen begleitet, die zum Scheitern des Feldzuges und zur Vernichtung der 6. Armee beitrugen.

Der »Gröfaz«

Einer dieser Störfaktoren waren die Anmaßungen des selbsternannten »Führers«. Unter dem Eindruck des Sieges im Westen 1940 hatte sich Generalfeldmarschall Wilhelm Keitel dazu hinreißen lassen, Hitler zu schmeicheln: »Mein Führer, Sie sind der größte Feldherr aller Zeiten«. Nichts anderes wollte der Gefreite des Ersten Weltkriegs sein, und so mischte er sich immer mehr in die Operationsführung der Generale ein, lange bevor sein Misstrauen gegenüber der Wehrmachtführung übermächtig wurde. Mit Keitel, dem Chef des Oberkommandos der Wehrmacht (OKW), hatte er einen ergebenen Erfüllungsgehilfen. Das brachte diesem den despektierlichen Spitznamen »Lakeitel« ein.

Nach dem Scheitern des Unternehmens »Barbarossa« Ende 1941 entließ Hitler namhafte Heerführer, die gegen seinen strikten »Haltebefehl« verstoßen hatten. Zudem löste er den Oberbefehlshaber des Heeres ab und übernahm selbst dessen Funktion. Damit war er der Hauptverantwortliche für die künftige Operationsführung an der Ostfront. Hitlers »Haltebefehle« hatten zwar 1941/42 zur Stabilisierung der Ostfront beigetragen, allerdings auf Kosten der einfachen Soldaten, die sich ohne Winterausstattung und bei mangelnder Versorgung in Russlands Boden eingraben mussten. Gleichwohl bestärkte dieser Erfolg Hitler in seiner Selbsteinschätzung als »großer Feldherr«. Darin lag aber bereits eine Fehlerquelle für die Offensive 1942. Zwar wären weder »Fall Blau« noch die Schlacht um Stalingrad ohne seine Einmischung gewonnen worden – denn auch die Wehrmachtführung hatte das Potenzial der UdSSR zu sehr unterschätzt und die eigenen Möglichkeiten überschätzt. Der grundlegende strategische Fehler war nicht 1942 gemacht worden, sondern bereits 1941: mit dem Angriff auf die Sowjetunion und mit der damit verbundenen Eröffnung der zweiten Front.

Abgesehen von der Frage, ob ein Vorstoß Richtung Wolga und Kaukasus mit den angeschlagenen Divisionen der Wehrmacht sowie ohne nennenswerte Reserven gegen einen Gegner mit scheinbar unerschöpflichen materiellen und personellen Ressourcen tatsächlich hätte gewonnen werden können, war »Fall Blau« ein äußerst gewagter Versuch, die operative Initiative wiederzugewinnen. Hitler und die Wehrmachtführung ließen alle Erfahrungen aus dem Scheitern des Blitzkrieges außer Acht – insbesondere verkannten sie die Unmöglichkeit, die vorstoßenden Armeen über sich verlängernde, schlecht ausgebaute Transportwege hinreichend zu versorgen. Neben der Tiefe des Raums hatte die Wehrmachtführung die klimatischen Verhältnisse in den russischen Weiten in dem erneuten Glauben ignoriert, die Rote Armee werde noch vor dem Winter zusammenbrechen. Der Operation fehlten letztendlich die notwendigen Kräfte, um einen Raumgewinn von über 800 Kilometer Tiefe zu verteidigen. Die für das Unternehmen gewonnenen Truppen der Verbündeten waren weder von der Kampfkraft noch von ihrer Motivation her ein gleichwertiger Ersatz für fehlende deutsche Divisionen. Die bessere Aus-

Hitler und Keitel im Gespräch beim Verlassen der Kirche St.-Méen in Brûly-de-Pesche (Belgien) in der Nähe des Führerhauptquartiers »Wolfsschlucht«, Juni 1940

rüstung, die Hitler den Verbündeten versprochen hatte, konnte wegen der Engpässe in der Rüstungsproduktion nicht oder nur sporadisch geliefert werden.

Der nächste große Fehler Hitlers bestand darin, den Rückzug der Roten Armee während der Operation »Blau« als ein Schwinden der sowjetischen Kampfkraft zu deuten. In seinem Wahn, mit seinen ohnehin kaum hinreichenden Kräften Stalingrad und den Kaukasus gleichzeitig nehmen zu können, legte Hitler die Grundlage für das Scheitern der Operation. Durch die Teilung der Offensivkräfte standen für beide Operationen zu wenig Reserven zur Verfügung, was sich in den Vorstößen ebenso wie bei der Sicherung der immer länger werdenden Front gravierend bemerkbar machte.

Als Stalingrad nicht fallen wollte, geriet der »Führer« immer stärker unter den selbsterzeugten Erfolgsdruck. Nach dem Erfolg der britischen Gegenoffensive in Afrika und der alliierten Landung (Operation »Torch«) in Marokko und Algerien im November 1942 brauchte er den militärischen Erfolg aus psychologischer Sicht mehr denn je. Er verbaute sich damit aber selbst alle Entscheidungsfreiheit. Trotz aller Schwierigkeiten ließ er es sich nicht nehmen, vor »alten NSDAP-Kämpfern« im Münchner Bürgerbräukeller am 8. November 1942 lauthals zu verkünden, er habe Stalingrad, und dort, »wo der deutsche Soldat einmal steht, kriegt ihn keine Macht der Welt wieder weg«. Mehr denn je fürchtete Hitler, dass die ausbleibenden Erfolge zur Kriegsmüdigkeit in der deutschen Bevölkerung oder gar zur Verweigerung der Gefolgschaft führen könnten. Deshalb wollte und konnte Hitler den von Paulus wie Weichs im Oktober 1942 geforderten Rückzug der 6. Armee in eine Winterstellung und den Abbruch der Kämpfe in der Stadt nicht zulassen.

Als mit der sowjetischen Operation »Uranus« die Katastrophe vor Stalingrad zur Gewissheit wurde, war es wiederum der »Führer«, der sich aus Prestigegründen auf das Halten der Stadt versteifte. Es ging ihm freilich nicht mehr um die Rüstungsmetropole, auch nicht um die Beherrschung der Wolga. Nein, Hitler ging es um sich selbst. Er wollte die Stadt, die Stalins Namen trug – koste es, was es wolle. Er blockierte den Ausbruch der 6. Armee und versprach Entsatz, den er in der notwendigen Stärke gar nicht gewährleisten konnte. Zu gern glaubte er dem gewissenlosen Reichsmarschall Hermann Göring, der seiner Luftwaffe die Versorgung von mehr als 22 Divisionen ohne Probleme zutraute. Zuletzt stand Hitlers Nimbus auf dem Spiel. Die 6. Armee durfte nicht kapitulieren – sie sollte für den »Führer«, heldenhaft bis zum letzten Mann kämpfend, notfalls untergehen.

Rumänische Truppen in ihrer Stellung im Raum Stalingrad

Nach der Niederlage von Stalingrad wurde 1943 hinter vorgehaltener Hand der »größte Feldherr aller Zeiten« verballhornend abgekürzt. Der Name »Gröfaz« war geboren, der sich schnell in der Wehrmacht und darüber hinaus verbreitete. Trotz aller Einsicht, dass die operativen Fähigkeiten des selbsternannten »Militärgenies« eher bescheiden waren, wagte kaum einer, ihm zu widersprechen. Hitler hatte betont, dass er den Krieg »liquidieren« müsse, sollte er die sowjetischen Ölgebiete nicht bekommen. Doch er konnte nicht aufgeben und um Frieden verhandeln. Zu groß waren seine und die Verbrechen des NS-Staates an den Juden, am sowjetischen Volk, an den Slawen und am Rest der Welt. Was Hitler blieb, war das Festhalten am »Endsieg«, den es, dessen wurde sich Hitler schon 1943 bewusst, nicht mehr geben würde. Deshalb versteifte er sich auf die »Choreographie des Untergangs« (Bernd Wegner). War das deutsche Volk zur Weltherrschaft nicht fähig, so war es laut Hitler zum Untergang verdammt. Deshalb setzte der »Gröfaz« den Krieg bis zur totalen Niederlage des Deutschen Reiches fort und entzog sich seiner Verantwortung feige durch Selbstmord.

Das Versagen der Wehrmachtführung

Die Entscheidung, im Sommer 1941 die UdSSR anzugreifen und somit einen kaum zu gewinnenden Zweifrontenkrieg zu beginnen, brachte die Wehrmacht nach dem Scheitern des Unternehmens »Barbarossa« in die Zwangslage, diesen Krieg irgendwie weiterführen zu müssen. Die Sommeroffensive 1942 startete bereits unter schlechten operativen Voraussetzungen. Trotz starker Bedenken trug die Wehrmachtführung diese Offensive mit, weil sie selbst keine Alternative bieten konnte. Die Hoffnung, die Sowjetunion sei wirtschaftlich und militärisch am Ende ihrer Kräfte, erwies sich als Wunschtraum, den die Abteilung Fremde Heere Ost im OKH mit ihren mangelhaften Aufklärungsergebnissen mit zu verantworten hatte.

Die Operation »Fall Blau« ihrerseits hatte entscheidende Geburtsfehler. Mit dem zu geringen Kräfteansatz, den weit überdehnten Flanken sowie den folgenden operativen Fehlern, unter denen sich die Aufspaltung der Sommeroffensive in zwei Richtungen besonders nachteilig auswirkte, war vorprogrammiert, dass die Offensiven im Kaukasus und vor Stalingrad zum Jahresende hin stagnieren würden. Trotz ihrer militärischen Fachkompetenz hatten die Generale der Einmischung Hitlers nichts entgegengesetzt. Sie wurden so zu Erfüllungsgehilfen einer Operation, deren Scheitern mancher vorhergesehen hatte. Die meisten Generale ordneten militärischen Gehorsam der eigenen Verantwortung über. Folglich sahen sie die Verantwortung bei der Politik, also bei Hitler, während sie sich selbst nur als Handwerker des Krieges verstanden. Dieses Selbstbild spiegelten ihre Aussagen vor dem Internationalen Gerichtshof 1945–1949 ebenso wie ihre Memoiren der 1950er und 1960er Jahre wider.

Das allein erklärt aber nicht, weshalb in militärischen Entscheidungen die Loyalität über die Fachverantwortung gestellt wurde. Die Generale mussten auch Konsequenzen befürchten, wenn sie Widerspruch äußerten: Hitler war in der militärischen Hierarchie Oberster Befehlshaber der Wehrmacht und ab Ende 1941 zugleich Oberbefehlshaber des Heeres. Er ließ die Wenigen aus ihren Positionen entfernen, die es wagten, operatives Können und Verantwortung für die Soldaten höher zu gewichten als den Willen Hitlers; andere stellte er sogar zur Abschreckung vor ein Kriegsgericht. So löste er nach der Schlacht um Moskau im Dezember 1941 Generalfeldmarschall Bock als Befehlshaber der Heeresgruppe Mitte ab, als dieser angesichts der Erschöpfung seiner Truppen deren Rückzug in eine Winterstellung forderte. Den fähigen Panzerführer Generaloberst Erich Hoepner entließ er wegen »Feigheit und Ungehorsam«, nachdem dieser eigenmächtig seine Truppen zurückgenommen hatte. Da Hoepner sich auf seine Pflicht gegenüber den ihm anvertrauten Soldaten und formaljuristische Verfahren berief, ließ sich der »Führer« am 26. April 1942 »ermächtigen«, künftig bei Bedarf jeden ohne Einhaltung von Rechtsvorschriften aus dem Dienst zu entfernen. Generalleutnant Hans Graf von Sponeck wiederum, der 1942 trotz des Haltebefehls auf der Halbinsel Kertsch seine Truppen angesichts überlegener sowjetischer Kräfte zurücknahm, ließ der Diktator von einem Kriegsgericht unter der Leitung seines Handlangers Göring zum Tode verurteilen. Derartige Fälle zeigten durchaus Wirkung in der Wehrmachtführung.

In der Winterkrise 1941/1942 gab Generalleutnant Hans von Sponeck seinem Armeekorps einen Rückzugsbefehl. Hitler ließ ihn vor ein Kriegsgericht stellen. Im Juli 1944 wurde Sponeck erschossen.

So regte sich auch kein Widerstand, als das Risiko eines Angriffs auf die langen Flanken und die Unmöglichkeit, diese mit ausreichenden Divisionen zu sichern, schon bei den Planungen der Operation erkannt wurden. Hitler tat diesbezügliche Befürchtungen mit dem Versprechen ab, die Flanken im Laufe des Feldzuges stärker zu besetzen, hielt es aber nicht ein. Halder, Bock und Weichs hatten immer wieder auf die Gefahr hingewiesen, es könne einen Gegenangriff auf die Donflanken geben, und die im Oktober von Paulus geforderte Rücknahme der 6. Armee in eine gefestigte Winterstellung unterstützt. Ändern konnten sie jedoch nichts. Daher hoffte die Wehrmachtführung, dass die Rote Armee zu einem größeren Schlag nicht fähig sei.

Aus den Misserfolgen an der Ostfront und in Afrika resultierte zudem eine schwere Führungskrise, deren namhafte Opfer OKH-Chef Halder sowie der Heeresgruppenoberbefehlshaber List waren. Halder hatte von Beginn an die Aufspaltung der Sommeroffensive kritisiert, doch unterstützt vom OKW hatte der Diktator seine Pläne durchgesetzt. Als sich Halders Prognose bewahrheitete, musste er gehen. Zu seinem Nachfolger bestimmte Hitler am 24. September 1942 General der Infanterie Kurt Zeitzler. Hitler hoffte, der wegen seines Führungsstils »Kugelblitz« genannte Generalstäbler werde eine positive Wirkung auf die immer skeptischere Wehrmachtführung ausüben.

All das hatte auf Paulus ebenfalls nachhaltige Wirkung. Er erkannte sehr schnell, dass der Kampf um Stalingrad in einem Debakel enden würde. Mit Halder verlor er nun außerdem seinen Vertrauten im OKH. Doch Hitler wollte mittlerweile auch OKW-Chef Keitel und den Chef des Wehrmachtführungsstabes, Generaloberst Alfred Jodl, fallen lassen. Am 18. September hatte er seinem Chefadjutanten, Generalmajor Rudolf Schmundt, eröffnet, er beabsichtige an ihrer Stelle den Chef der Luftflotte, Generalfeldmarschall Albert Kesselring, und Paulus einzusetzen. Paulus war damit für eine Spitzenposition in der Wehrmachtführung vorgesehen. Zuvor aber musste er in Stalingrad Erfolg haben. Womöglich hatte das Paulus in der Hoffnung beflügelt, bei treuem Durchhalten in letzter Minute ausgeflogen zu werden.

Als die befürchtete Gegenoffensive über die deutschen Truppen am Don hereinbrach, führte eine Reihe operativer Fehlentscheidungen in die Katastrophe. Zu allererst zu nennen sind die Haltebefehle Hitlers, der darauf hoffte, wie im Winter 1941/42 mit dem Festhalten an Stalingrad Zeit zu gewinnen und sein Prestigeobjekt nicht aufgeben zu müssen. Paulus und Weichs, aber auch Generalstabschef Zeitzler, versuchten Hitler die Dringlichkeit des Ausbruchs klarzumachen. Zwei wesentliche Faktoren stützten Hitlers Entscheidung auszuharren: Die fahrlässige Zusage Görings, die Luftversorgung der fast 300 000 Eingeschlossenen sei kein Problem, und Mansteins weit entfernt vom Ort des Geschehens am 20. November 1942 für »seinen Führer« getroffene, äußerst optimistische Lagebeurteilung.

Manstein, Hitler und Zeitzler (v. l.) bei einer Lagebesprechung am Kartentisch

Die Realität vor Ort hatten beide verkannt. Die zuständigen Befehlshaber der Luftflotte 4 (Richthofen) und des VIII. Fliegerkorps (Fiebig) erklärten eine längere Luftversorgung des Kessels für unmöglich. Auch Weichs und Paulus teilten Mansteins Lagebeurteilung nicht. Manstein sah sich sogar genötigt, Paulus zum Gehorsam zu mahnen:

> Der Befehl des Führers entlastet Sie von der Verantwortung, die über die zweckmäßigste und willensstärkste Durchführung des Befehls des Führers hinausgeht. Was wird, wenn die Armee in Erfüllung des Befehls des Führers die letzte Patrone verschossen haben sollte, dafür sind Sie nicht verantwortlich.

Mansteins Haltung legt nahe, dass Hitler für viele Generale bereits zur moralisch höchsten Instanz geworden war.

In seinem Buch *Verlorene Siege* gab Manstein nach dem Krieg Paulus die Schuld am Untergang der 6. Armee. Er behauptete, diesem habe der Mut zur Operation »Donnerschlag« gefehlt, obwohl er, Manstein, den Befehl zum Ausbruch gegeben habe. Die Quellen aber sprechen eine andere Sprache. Auch Manstein hatte es nicht gewagt, gegen den Willen Hitlers den Ausbruch zu befehlen. Paulus hingegen konnte zum gegebenen Zeitpunkt gar nicht mehr ausbrechen, denn die unterversorgte Armee besaß nur noch den geringen Bewegungsspielraum von 20 Kilometern. Die Gefahr, in der Steppe wehrlos ohne Unterstützung liegenzubleiben und leichte Beute der überlegenen sowjetischen Truppen zu werden, war zu groß. Der Ausbruch der 6. Armee, so wissen wir heute, hätte bereits unmittelbar nach der Umfassung erfolgen müssen. Nichts anderes hatte übrigens die Stawka erwartet.

Halten oder Ausbruch – Paulus' Versagen

Alle Befehlshaber im Kessel waren sich nach der Einschließung durch die Rote Armee einig, dass der sofortige Ausbruch die einzig richtige Entscheidung in dieser Lage sein musste. Besonders der Kommandierende General des LI. Armeekorps Walther von Seydlitz und sein Stabschef Hans-Julius Clausius forderten nachdrücklich den Ausbruch auch gegen den Willen Hitlers. Doch damit drangen sie bei Paulus nicht durch. Dieser übersandte lediglich seine Lagebeurteilung an Hitler und forderte Handlungsfreiheit für seine Armee. Dennoch ließ Paulus trotz des Haltebefehls unter dem Decknamen »Umbau« den Ausbruch vorbereiten. Er wusste seinen Vorgesetzten Weichs auf seiner Seite, der die »Gruppe Hoth« für die gleichzeitige Durchführung einer Entsatzoperation gebildet hatte.

Am 23. November 1943 eskalierte das Ringen um die Entscheidung zwischen Ausbruch und Halten. Zeitzler bemühte sich, Hitler von seinem Festhalten an Stalingrad abzubringen, und glaubte in der Nacht noch, er habe Hitler überzeugt. Der von der Armeeführung erarbeitete konkrete Ausbruchsplan sah für den 25./26. November einen Durchbruch aus dem Südraum zwischen Kalatsch und Platonowski in Richtung Südwesten bis zur Linie Aksaj – Tschir mit dem Anschluss an die rumänische 4. Armee vor. Am Abend wandte sich Paulus unter Umgehung des Dienstweges per Funk direkt an Hitler, erklärte die Luftversorgung der Armee für ausgeschlossen und erbat erneut Handlungsfreiheit für den Ausbruch. Unterstützt von Jodl, lehnte Hitler am Morgen des 24. November die Aufgabe Stalingrads jedoch ab.

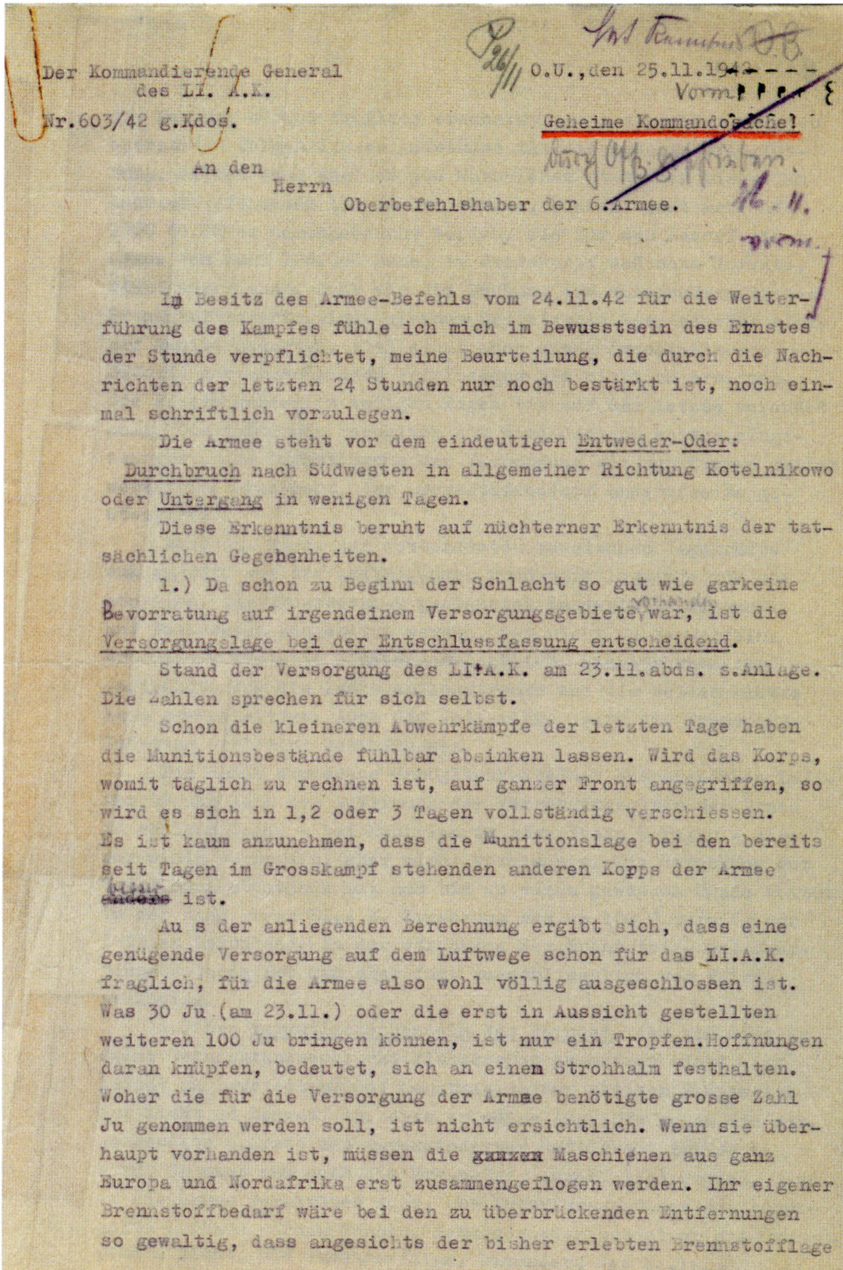

Der Kommandierende General
des LI. A.K.
Nr.603/42 g.Kdos.

O.U., den 25.11.1942
Vorm.

Geheime Kommandosache!

An den
Herrn
Oberbefehlshaber der 6.Armee.

Im Besitz des Armee-Befehls vom 24.11.42 für die Weiterführung des Kampfes fühle ich mich im Bewusstsein des Ernstes der Stunde verpflichtet, meine Beurteilung, die durch die Nachrichten der letzten 24 Stunden nur noch bestärkt ist, noch einmal schriftlich vorzulegen.

Die Armee steht vor dem eindeutigen Entweder-Oder: Durchbruch nach Südwesten in allgemeiner Richtung Kotelnikowo oder Untergang in wenigen Tagen.

Diese Erkenntnis beruht auf nüchterner Erkenntnis der tatsächlichen Gegebenheiten.

1.) Da schon zu Beginn der Schlacht so gut wie garkeine Bevorratung auf irgendeinem Versorgungsgebiete vorhanden war, ist die Versorgungslage bei der Entschlussfassung entscheidend.

Stand der Versorgung des LI.A.K. am 23.11.abds. s.Anlage. Die Zahlen sprechen für sich selbst.

Schon die kleineren Abwehrkämpfe der letzten Tage haben die Munitionsbestände fühlbar absinken lassen. Wird das Korps, womit täglich zu rechnen ist, auf ganzer Front angegriffen, so wird es sich in 1,2 oder 3 Tagen vollständig verschiessen. Es ist kaum anzunehmen, dass die Munitionslage bei den bereits seit Tagen im Grosskampf stehenden anderen Kopps der Armee besser ist.

Aus der anliegenden Berechnung ergibt sich, dass eine genügende Versorgung auf dem Luftwege schon für das LI.A.K. fraglich, für die Armee also wohl völlig ausgeschlossen ist. Was 30 Ju (am 23.11.) oder die erst in Aussicht gestellten weiteren 100 Ju bringen können, ist nur ein Tropfen. Hoffnungen daran knüpfen, bedeutet, sich an einem Strohhalm festhalten. Woher die für die Versorgung der Armee benötigte grosse Zahl Ju genommen werden soll, ist nicht ersichtlich. Wenn sie überhaupt vorhanden ist, müssen die Maschienen aus ganz Europa und Nordafrika erst zusammengeflogen werden. Ihr eigener Brennstoffbedarf wäre bei den zu überbrückenden Entfernungen so gewaltig, dass angesichts der bisher erlebten Brennstofflage

Auszug aus dem Seydlitz-Memorandum

General von Seydlitz, der sich mit dem Entsatz des Kessels von Demjansk im Frühjahr 1942 einen Namen gemacht hatte, wollte nicht zulassen, dass die Wehrmachtführung sehenden Auges in die Katastrophe schlitterte. Durch eine eigenmächtige Rücknahme seiner Einheiten in der Nacht zum 24. November über die vom Armeeoberkommando befohlene Linie versuchte er, von Norden her eine Absetzbewegung von Stalingrad einzuleiten. Doch Seydlitz hatte dabei zu viel gewagt. Am Morgen des 24. November stießen sowjetische Panzerspitzen in die Absetzbewegung und fügten der 94. Infanteriedivision schwere Verluste zu. Nur mit Mühe gelang es, die Frontlinie wieder zu stabilisieren.

Am 25. November legte Seydlitz nunmehr der Armeeführung eine Denkschrift vor. Sie wies die Unmöglichkeit des Verbleibs der 6. Armee in Stalingrad und ihrer Luftversorgung nach. Für Seydlitz bedeutete militärische Verantwortung mehr als die Verengung auf Gehorsam. Er war überzeugt, ein Befehlshaber müsse auch im Sinne seiner Untergebenen handeln und diese vor unnötigen Opfern schützen. Dem Grundsatz zu selbstständigem Handeln insbesondere in Krisensituationen verpflich-

Walther von Seydlitz-Kurzbach (r.) in seinem Unterstand mit Generalmajor Otto Korfes (2. v. l.), Dezember 1942

tet, forderte er von Paulus: Angesichts der zu erwartenden »völligen Vernichtung von 200 000 Kämpfern und ihrer gesamten Materialausstattung« gebe es für die Armee »keine andere Wahl«, als »sich die durch den bisherigen Befehl verhinderte Handlungsfreiheit selbst zu nehmen«! Mit beiden Handlungen hatte sich Seydlitz bewusst gegen geltende Befehle gestellt und eine kriegsgerichtliche Verurteilung riskiert.

Paulus teilte zwar die Lageeinschätzung von Seydlitz, vermochte aber nicht, gegen die Befehle Hitlers zu handeln. Er hätte zwar, wie es Tage zuvor Feldmarschall Erwin Rommel in Afrika entgegen anderslautender Befehle getan hatte, die Funkgeräte abschalten und aus dem Kessel ausbrechen können. Doch Paulus befürchtete aus seinen Erfahrungen im OKH heraus, die Gesamtlage falsch einzuschätzen und mit seiner Eigenmächtigkeit die Situation zu verschlimmern. Er malte sich aus, dass er bei seiner Widersetzlichkeit keine Unterstützung von außen bekommen könnte, sondern mit seiner Armee in der Steppe den übermächtigen sowjetischen Truppen ausgeliefert wäre. Paulus befand sich in einer Zwangslage. Einerseits erkannte er seine Verantwortung für die Soldaten seiner Armee, doch andererseits wusste er das Damoklesschwert Hitlers über sich. Paulus war weder entscheidungsfreudig, noch fiel ihm Ungehorsam leicht. Inwieweit bei ihm auch Karrieredenken und Opportunismus eine Rolle spielten, ist bis heute umstritten.

Ende 1942 blieb den Soldaten der 6. Armee nur noch die Kapitulation. Als am 8. Januar 1943 der Befehlshaber der Donfront Rokossowski die 6. Armee zur Kapitulation aufforderte, lehnte Paulus mit seinen Kommandierenden Generalen diese jedoch einhellig ab. Sie fürchteten im Falle der Kapitulation um die Stabilität der gesamten Südfront, band der Kessel doch sieben sowjetische Armeen und vier Panzerkorps. Die Armeeführung hoffte, dem Sterben im Kessel mit der Rettung der Heeresgruppe A aus dem Kaukasus einen Sinn geben zu können. Tatsächlich hatte Hitler der Heeresgruppe A nach dem Scheitern der Kaukasusoffensive einen ebenso zweifelhaften Haltebefehl gegeben. Damit fehlten zugleich Reserven für die Donfront oder den Entsatz von Stalingrad. Das deutsche Festhalten am Kaukasus bot der Roten Armee die Möglichkeit, mit dem Vorstoß auf Rostow die ganze Heeresgruppe A von der Versorgung abzuschneiden. Erst als sich die Lage an der Südfront dramatisch verschlechtert hatte, erlaubte Hitler in den letzten Dezembertagen 1942 den Rückzug.

Die Hakenkreuzfahne auf dem Warenhaus »Univermag« im Zentrum der Stadt ist noch gehisst. Im Keller haben sich die Überlebenden des Stabes der 6. Armee zusammengefunden.

Irgendwann in dieser ausweglosen Situation wich rationales Handeln skurrilen Aktionen, für die vor allem der hitlertreue Stabschef der 6. Armee Generalleutnant Arthur Schmidt verantwortlich zeichnete. Am 30. Januar gratulierte das Armeeoberkommando 6 dem »Führer« markig zum zehnten Jahrestag des Machtantritts:

> Noch weht die Hakenkreuzfahne über Stalingrad. Unser Kampf möge den lebenden und kommenden Generationen ein Beispiel dafür sein, auch in der hoffnungslosesten Lage nie zu kapitulieren, dann wird Deutschland siegen. Heil mein Führer! Paulus, Generaloberst.

Paulus hatte zwar längst begriffen, dass die 6. Armee geopfert wurde, doch er vermochte nicht, sie aus eigenem Antrieb und Verantwortungsbewusstsein gegen Hitlers Befehl zu retten. Er entschied sich, der nationalsozialistischen Propaganda zu folgen und den Untergang seiner Armee als Heldenepos zur Rettung der Südfront und für den deutschen »Endsieg« zu begreifen. Das aber schloss die Kapitulation und die Rettung seiner Soldaten aus.

Hitler antwortete ihm pathetisch: »Mein Generaloberst Paulus. Schon heute blickt das ganze deutsche Volk in tiefer Ergriffenheit zu dieser Stadt. Wie immer in der Weltgeschichte wird auch dieses Opfer kein vergebliches sein«. Am 31. Januar 1943 beförderte er Paulus zum Generalfeldmarschall. In der Todesstunde der Armee sollte ihr Oberbefehlshaber propagandawirksam als Held fallen. Paulus verstand die indirekte Aufforderung zum Suizid durchaus. Wie die Mehrzahl seiner Generale aber glaubte er einerseits, das Schicksal seiner Soldaten in Gefangen-

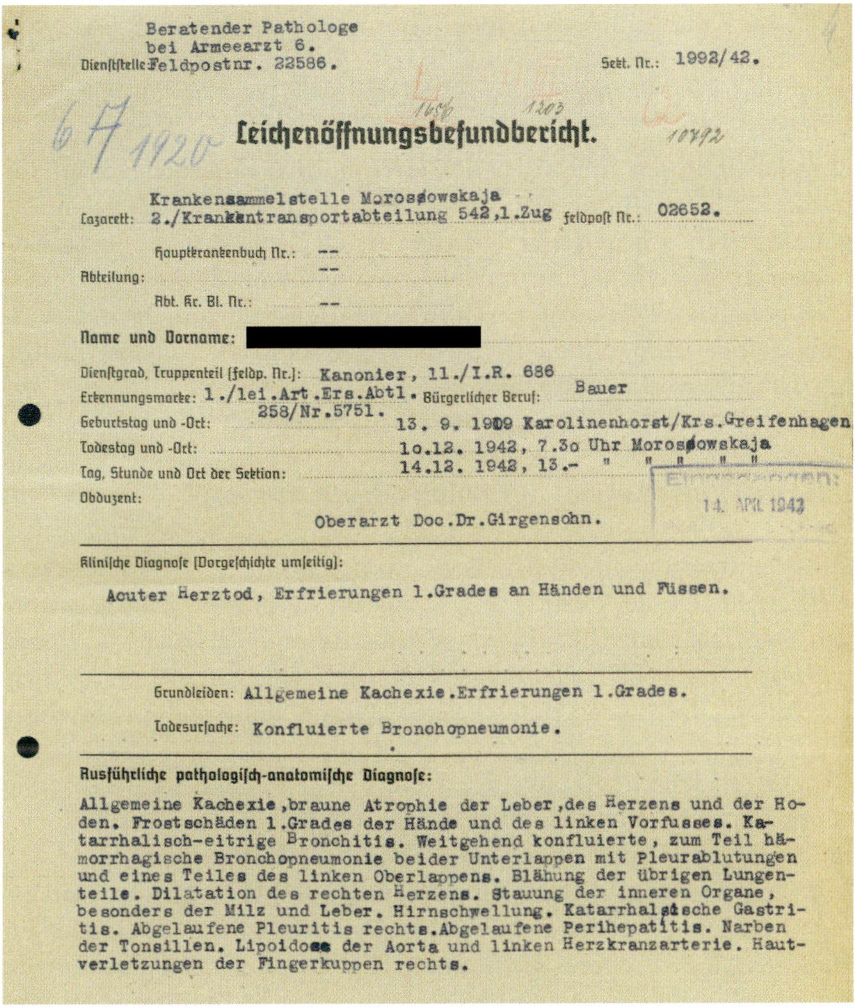

Beratender Pathologe
bei Armeearzt 6.
Dienststelle Feldpostnr. 22586. Sekt. Nr.: 1992/42.

6 A 1920 1656 1203 10792

Leichenöffnungsbefundbericht.

Krankensammelstelle Morosowskaja
Lazarett: 2./Krankentransportabteilung 542,1.Zug Feldpost Nr.: 02652.

Hauptkrankenbuch Nr.: --
Abteilung: --
Abt. Kr. Bl. Nr.: --

Name und Vorname: ████████

Dienstgrad, Truppenteil (feldp. Nr.): Kanonier, 11./I.R. 686
Erkennungsmarke: 1./lei.Art.Ers.Abtl. 258/Nr.5751. Bürgerlicher Beruf: Bauer
Geburtstag und -Ort: 13. 9. 1909 Karolinenhorst/Krs.Greifenhagen
Todestag und -Ort: 10.12. 1942, 7.30 Uhr Morosowskaja
Tag, Stunde und Ort der Sektion: 14.12. 1942, 13.- " " " " "
Obduzent: Oberarzt Doc.Dr.Girgensohn.

Eingegangen: 14. APR. 1943

Klinische Diagnose (Vorgeschichte umseitig):

Acuter Herztod, Erfrierungen 1.Grades an Händen und Füssen.

Grundleiden: Allgemeine Kachexie.Erfrierungen 1.Grades.

Todesursache: Konfluierte Bronchopneumonie.

Ausführliche pathologisch-anatomische Diagnose:

Allgemeine Kachexie,braune Atrophie der Leber,des Herzens und der Hoden. Frostschäden 1.Grades der Hände und des linken Vorfusses. Katarrhalisch-eitrige Bronchitis. Weitgehend konfluierte, zum Teil hämorrhagische Bronchopneumonie beider Unterlappen mit Pleurablutungen und eines Teiles des linken Oberlappens. Blähung der übrigen Lungenteile. Dilatation des rechten Herzens. Stauung der inneren Organe, besonders der Milz und Leber. Hirnschwellung. Katarrhalische Gastritis. Abgelaufene Pleuritis rechts.Abgelaufene Perihepatitis. Narben der Tonsillen. Lipoidose der Aorta und linken Herzkranzarterie. Hautverletzungen der Fingerkuppen rechts.

Obduktionsbericht zu einem Toten der 6. Armee, Dezember 1942, der völlig ausgezehrt war, Erfrierungen 1. Grades erlitt und an einer Lungenentzündung starb.

schaft teilen zu müssen, zumal ihn Glaubensgründe am Selbstmord hinderten. Andererseits wollte er auch nicht als erster deutscher Feldmarschall, der kapituliert hatte, in die deutsche Geschichte eingehen. Also ernannte er Generalmajor Fritz Roske zum Kesselkommandanten, erklärte sich zur »Privatperson« und ging freiwillig in Gefangenschaft.

Damit hatte Paulus als Armeeführer in entscheidender Stunde versagt. An seinen Soldaten versündigte er sich spätestens Mitte Januar 1943, als der Kessel kaum mehr starke Verbände der Roten Armee band und eine wirksame Verteidigung nicht mehr möglich war. Die Einstellung des sinnlosen militärischen Widerstandes und die rechtzeitige Kapitulation hätten Tausenden seiner Soldaten, die im Kessel fielen, die verhungerten, erfroren oder die in den ersten Tagen nach der Gefangennahme an Unterernährung und Infektionen starben, das Leben gerettet. Dass von den 108 000 körperlich ausgezehrten Soldaten, die in Gefangenschaft gerieten, nur die Hälfte die Lager der Russen lebend erreichten, hat auch Paulus zu verantworten.

Das Ende einer Armee – Blitzkrieg oder Stadtkampf

Die Wehrmacht wollte 1941 die Sowjetunion in einem Blitzkrieg niederwerfen, doch in der Realität war daraus ein Zermürbungskrieg geworden. Dem war Deutschland aber gegen das Riesenreich nicht gewachsen, was wiederum Fehler begünstigte. Der »Blitzkrieg« forderte den schnellen Vorstoß der Panzerspitzen zwecks Überraschung und Einkesselung des Gegners. Die schnellen Truppen schlugen zu und umfassten den Gegner, um danach sofort weiteren Raum zu gewinnen. Zur Beseitigung der Kessel und für den Städtekampf eigneten sich die schnellen Truppen hingegen nicht; dazu bedurfte es der nachrückenden Infanterie.

Bei der Eroberung Warschaus hatte sich die Wehrmacht erstmals einem Stadtkampf stellen müssen. Der Versuch, Polens Hauptstadt im Handstreich zu erobern, scheiterte blutig. Doch die Voraussetzungen für die folgende Einschließung und systematische Erstürmung waren andere als später in der UdSSR. Die Wehrmacht hatte die polnische Armee zu diesem Zeitpunkt bereits besiegt und konnte sich ganz auf die Eroberung der Hauptstadt konzentrieren. Zudem standen ihr die Infanterie und die Pioniere zur Verfügung. Die Wehrmacht stellte damit eine materielle wie personelle Überlegenheit her und führte ihr Gefecht der verbundenen Waffen.

Anders als bei Warschau sah es bei der Eroberung von Städten im deutsch-sowjetischen Krieg aus. Dort stieß die Wehrmacht schnell in die Weiten des Landesinneren vor. Die deutschen Panzerspitzen waren der Infanterie oft weit voraus, mit ihnen zumeist auch die Luftwaffe. Doch die Eroberung von Städten kostete Zeit und bremste den schnellen Vorstoß im Blitzkrieg. Bei der Eroberung von Mogilew vom 23. bis 26. Juli 1941 hatten sich diese Probleme bereits offenbart. Die Panzerspitzen waren an der Stadt vorbeigestoßen, und Mogilew bildete eine hartnäckig verteidigte Insel, die erst in dreitägigem Kampf unter schweren Verlusten niedergerungen werden konnte.

Die Wehrmacht büßte bei jedem Stadtkampf erhebliche Kräfte und Mittel ein, die schon 1941 nicht mehr vollständig aufgefüllt werden konnten. Im Sommerfeldzug 1942 erlangten Städte und Verkehrsknoten angesichts der dünn besiedelten Weiten des Dongebietes eine herausragende Bedeutung. Auf deren Schutz legte die Rote Armee mit ihren schnell zusammengestellten Verbänden großen Wert. Die zähe Verteidigung hielt den Vorstoß der Wehrmacht auf und verminderte deren Kampfkraft. Zugleich ermöglichten diese Kämpfe der Roten Armee, Kräfte zusammenzuziehen und neue Verteidigungslinien zu bilden. Während die UdSSR neue Soldaten und zusätzliches Material an die Front führen konnte, schwanden die Ressourcen der Wehrmacht mit jeder Eroberung. Die

Panzertruppen an der Ostfront 1941. Von ihrem schnellen Vorstoß lebte der Blitzkrieg.

Abgestürztes deutsches Jagdflugzeug Me 109 in den Ruinen von Stalingrad

Schlachten um Woronesch und Rostow zeigten, dass auch die wertvollen schnellen Verbände immer stärker in den Kämpfen verschlissen wurden, wobei sie ihre Kraft und Mobilität verloren.

So verebbte die Sommeroffensive mangels Versorgung, wegen immer längeren Nachschubwegen und der Entkräftung der vormarschierenden Divisionen schon, bevor die Armeen vor Stalingrad, vor Noworossijsk und im Kaukasus im September 1942 nicht mehr weiterkamen. Die Stadtkämpfe offenbarten zudem das logistische Dilemma der Sommeroffensive. Insbesondere in Stalingrad traten abgekämpfte Verbände zur Eroberung der Stadt an, verschliss sich die Kampfkraft der schnellen Verbände in den Trümmern, verbluteten die Infanterieverbände in Häuser- und Straßenkämpfen. Die Heeresgruppe B hatte keine Reserven, und ohne Ersatz rieb sich eine Division nach der anderen auf. Die Rote Armee hingegen brachte kontinuierlich personellen und materiellen Nachschub über die Wolga.

Die Stawka hatte diese Achillesferse frühzeitig erkannt. Nachdem sie in der Winteroffensive 1941/42 an allen Fronten und ohne Schwerpunktbildung die eigenen Kräfte geschwächt und nahezu alle operativen Reserven aufgebraucht hatte, entschied sich der sowjetische Generalstab diesmal für die strategische Defensive, an deren Ende jedoch die deutsche Sommeroffensive pariert und deren Kräfte vernichtet werden sollten. Erst dann wollte die Rote Armee zur strategischen Offensive übergehen. Bis dahin sollte die Umstellung der Wirtschaft auf die Kriegsproduktion abgeschlossen sein und strategische Reserven für eine Großoperation bereitstehen.

Im Herbst 1942 erhielt dann die intensive Gegenwehr im Kaukasus und in Stalingrad absoluten Vorrang. Der ungeheure Blutzoll in Stalingrad war dabei von der sowjetischen Führung bewusst eingeplant. Der Gegner sollte seine Kampfkraft am zähen Widerstand verschleißen. Die sowjetische 62. Armee war dabei der Schild; sie musste im Kampf permanent neu aufgestellt werden. Die Divisionen der 6. Armee starben hingegen ohne Auffrischung nach und nach im »Rattenkrieg« in

Zerstörte und ohne Treibstoff nutzlos gewordene Panzer IV und III im Kessel von Stalingrad

den Straßenschluchten der Stadt. Die Elitetruppen, die Infanterie, die Panzerbesatzungen und Spezialtruppen, die eigentlich für den Stadtkampf ungeeignet waren, zerrieben unwiederbringlich ihre Kampfkraft. Nicht von ungefähr kamen bei Hitler wie bei den deutschen Soldaten die Erinnerungen an die »Blutmühle« von Verdun 1916 auf. Der »Führer« versprach am 8. November 1942 im Bürgerbräukeller, er wolle ein zweites Verdun verhindern, wohl wissend, dass dieses »Verdun« bereits Realität geworden war. Gleichzeitig entwickelte die Stawka im September 1942 den Plan zur Gegenoffensive. Sie hatte nach den tragischen Misserfolgen der Winteroffensive 1941/42 ihre eigenen Fehler analysiert und vor allem das Zusammenwirken der Waffengattungen sowie die Flankensicherung verbessert. Die Rote Armee nahm der Wehrmacht schrittweise die Basis für die strategische Initiative und bereitete die eigene Offensive vor.

Hitler wollte den Stadtkampf seiner Armee, und Stalin nahm diese Herausforderung an. Die immensen deutschen Verluste konnten aber durch die 6. Armee oder die Heeresgruppe nicht mehr ausgeglichen werden. In Stalingrad verlor sie zwei Drittel ihrer Infanterie, einen Großteil ihrer Panzer und Panzerbesatzungen sowie ihrer Spezialtruppen. Neben der chronischen Unterversorgung der Armee war dies der Grund, warum die 6. Armee während der Einkesselung so schnell ihre restliche Kampfkraft einbüßte und im Dezember 1942 kaum noch handlungsfähig war. Alle Faktoren zusammengenommen mussten in den Untergang führen.

↗ Deutsche Bomber greifen Flüchtlinge aus Stalingrad auf der Wolga an.

6 Verbrechen und Leiden im Krieg

Deutscher Vernichtungskrieg im Osten

Das Deutsche Reich führte den Krieg gegen die Sowjetunion völlig anders als den Krieg im westlichen Europa – nämlich ganz bewusst als einen Eroberungs-, Weltanschauungs- und Vernichtungskrieg. Es ging Hitler nicht allein um die Beseitigung seines »Weltfeindes Nr. 1« – gemeint war der Bolschewismus als in seinen Augen »extremste Form des Weltjudentums«. Zugleich führte Deutschland einen Raubkrieg im Namen der »Volk ohne Raum«-Theorie, denn der NS-Staat wollte den »deutschen Siedlungsraum« bis zum Ural und an den Kaukasus ausdehnen. Darauf folgen sollte die planmäßige Eliminierung und Vertreibung von 80 Prozent der polnischen, 75 Prozent der tschechischen sowie bis zu 90 Prozent der russischen und 50 Prozent der ukrainischen bzw. weißrussischen Bevölkerung. Die verbliebenen Bewohner der besetzten Gebiete waren als Arbeitskräfte eingeplant. Die Realisierung solcher Vorhaben wie des »Generalplans Ost« wurde jedoch nach beginnenden Zwangsumsiedlungen 1941/42 schnell durch den Kriegsverlauf obsolet.

Bestandteil der verbrecherischen Planungen des NS-Staates war auch das »Hungerkalkül«. Die 1941 im Rahmen der Ost-Kriegsplanung entwickelte Strategie sah vor, dass sich die Wehrmacht spätestens im dritten Kriegsjahr vollständig von Lebensmitteln aus dem besetzten Gebiet ernähren werde und zudem große Mengen an Nahrungsgütern von dort in das Reichsgebiet geliefert werden sollten. Als Konsequenz kündigte Hermann Göring im November 1941 dem italienischen Außenminister Graf Galeazzo Ciano an: »In diesem Jahr werden in Russland zwischen 20 und 30 Millionen Menschen verhungern. Und vielleicht ist das gut so, denn gewisse Völker müssen dezimiert werden.« Tatsächlich kamen im Deutsch-Sowjetischen Krieg von 17 Millionen getöteten sowjetischen Zivilisten etwa sieben Millionen durch Hunger und unerträgliche Lebensumstände um.

Der Angriff auf die UdSSR bot Hitler die Möglichkeit, die Judenverfolgung in die Phase der systematischen Vernichtung zu überführen. 1941 wies er den Reichsführer-SS Himmler an, durch Einsatzgruppen der Sicherheitspolizei (Sipo) und des Sicherheitsdienstes (SD) der SS die Bevölkerung in den besetzten Gebieten zu unterdrücken sowie jüdische und kommunistische Bürger samt deren Eliten in den besetzten Gebieten zu ermorden. Schon am 6. Kriegstag wurden in Białystok mehr als 2000 Juden niedergemetzelt. Der wohl bekannteste der Mordexzesse war das Massaker von Babyn Jar (ukrainisch für ›Weiberschlucht‹ / russisch: Babi Jar) bei Kiew. Am 29./30. September 1941 erschossen das SS-Sonderkommando 4a und zwei Polizeibataillone 33 771 jüdische Männer, Frauen und Kinder in der 2,5 Kilometer langen Schlucht, die zum rückwärtigen Gebiet der 6. Armee gehörte.

Unter ihrem Oberbefehlshaber, dem überzeugten Nationalsozialisten Generalfeldmarschall Walther von Reichenau, verübte die 6. Armee bis Ende 1941 im Krieg gegen die Sowjetunion überdurchschnittlich viele Kriegsverbrechen gegen sowjetische Soldaten sowie gegen jüdische und slawische Zivilisten. Die Zusammenarbeit mit dem zugeordneten Sonderkommando 4a verlief meist reibungslos. SD-Massaker wie in Luck, Schitomir, Lubny, Belaja, Kiew oder Zerkow fanden nicht nur mit dem Wissen, sondern oft auch mit der Unterstützung Reichenaus statt. Am 10. Oktober 1941 erließ Reichenau außerdem in seinem Armeebereich einen berüchtigten Befehl, in dem er die Zerschlagung des »jüdisch-bolschewistischen Systems« als wesentliches Ziel des Ostfeld-

Erschießung von Frauen und Kindern an der Ostfront

zuges hervorhob. Der deutsche Soldat sei nicht nur Kämpfer nach den Regeln der Kriegskunst, sondern zugleich »Rächer« am »jüdischen Untermenschentum«. Der Befehl lud nicht nur zum Völkermord ein, er fand auch die besondere Anerkennung Hitlers, der dessen Nachahmung durch andere Armeen im Osten empfahl.

Nach dem Tod Reichenaus übernahm Paulus im Januar 1942 den Oberbefehl über die 6. Armee. Natürlich wusste er seit seiner Tätigkeit als Oberquartiermeister I im OKH von den Verbrechen, die der SD und andere Formationen gegen sowjetische Soldaten und die Bevölkerung verübten. Paulus hob für seinen Verantwortungsbereich zumindest Reichenaus verbrecherischen Armeebefehl auf und ließ den Kommissarbefehl nicht mehr ausführen. Weder das bisherige Vorgehen gegen die Bevölkerung noch Erschießungen von Partisanen hieß er gut, vielmehr rügte er solche Verhaltensweisen seiner Soldaten. Mit der Befehlsübernahme durch Paulus ging tatsächlich die Zahl der Kriegsverbrechen im Armeegebiet deutlich zurück. Am verbrecherischen Charakter der deutschen Kriegführung in seinem Befehlsbereich änderte das freilich nichts. Auch Paulus blieb, wie alle Wehrmachtbefehlshaber an der Ostfront, in hohem Maße verantwortlich für die Durchführung des rassenideologischen Vernichtungskrieges in der Sowjetunion.

Eines der größten Kriegsverbrechen, für das die Wehrmacht verantwortlich zeichnete, war ihr Umgang mit gefangenen sowjetischen Soldaten. Kriegsgefangene stehen seit der Haager Landkriegsordnung 1899 und der Genfer Konvention 1929 unter völkerrechtlichem Schutz. Doch obwohl die Ermordung gefangener Politkommissare im Offiziersrang dem Völkerrecht widersprach, hatte Hitler sie am 6. Juni 1941 unmittelbar vor dem Angriff auf die Sowjetunion durch das OKW, unterzeichnet von Generaloberst Alfred Jodl, befehlen lassen. Auch das Verhalten gegenüber allen anderen sowjetischen Kriegsgefangenen offenbart den verbrecherischen Charakter der deutschen Kriegführung. Die Bestimmungen über das Kriegsgefangenenwesen vom 16. Juni 1941 schrieben ein »rücksichtsloses und energisches Durchgreifen bei den geringsten Anzeichen von Widersetzlichkeit« vor. Die Anordnung für die Behandlung sowjetischer Kriegsgefangener des OKW vom 8. September 1941 verfügte darüber hinaus, dass jeder »bolschewistische Soldat« den Anspruch auf die Behandlung als ehrenvoller Soldat nach dem Genfer Abkommen verloren habe und damit der Waffengebrauch gegen ihn »in der Regel rechtmäßig« sei. Dementsprechend rücksichtslos ging die Wehrmacht mit sowjetischen Gefangenen um.

Russische Kriegsgefangene in einem Lager an der Ostfront, Sommer 1941

Doch nicht nur das. Obwohl das OKW aufgrund der operativen Planungen im Sommer und Herbst 1941 mit zwei bis drei Millionen sowjetischen Gefangenen rechnete, wurden kaum Maßnahmen für deren Unterbringung und Versorgung getroffen. Vielmehr war im »Hungerkalkül« der massenhafte Tod sowjetischer Kriegsgefangener eingeplant. Oft vegetierten die Gefangenen im rückwärtigen Raum des Ostheeres unter desaströsen Bedingungen vor sich hin. Dieser Zustand verschlimmerte sich zur Jahreswende 1941/42, als es der Logistik kaum noch gelang, die eigenen Truppen zu versorgen. Einem Massensterben fiel ein Drittel der etwa drei Millionen Gefangenen zum Opfer, besonders im Generalgouvernement Polen. Darüber hinaus wurden 80 000 jüdische Kriegsgefangene systematisch ermordet. Hinzu kam der kalkulierte Tod durch harte körperliche Arbeit in den Gefangenenlagern.

Von insgesamt 5,7 Millionen sowjetischen Kriegsgefangenen im Gewahrsam der Wehrmacht starb über die Hälfte durch Hunger und Krankheiten, erfror oder wurde erschossen. Zum Vergleich: Auch immerhin ein Drittel der 3,15 Millionen deutschen Kriegsgefangenen in der Sowjetunion fand durch Arbeit, Krankheiten und Unterernährung den Tod. Warum aber kehrten von den 108 000 deutschen Soldaten, die sich bei Stalingrad in die Gefangenschaft begaben, nur 6000 in die Heimat zurück, also lediglich etwa 5 Prozent? Zum einen waren die deutschen Kriegsgefangenen nach 70 Tagen im Kessel halb verhungert, total erschöpft und durch Krankheiten gezeichnet. Wohl nur etwa die Hälfte der Kriegsgefangenen erreichte überhaupt die sowjetischen Lager oder starb in den Wochen danach. Allerdings setzte die verbrecherische deutsche Kriegführung bei der Roten Armee auch große Brutalität, Rachegelüste und Gleichgültigkeit frei, die die Gefangenen nun zu spüren bekamen.

Zum anderen hatte die Sowjetunion nach eigenen Berichten seit Kriegsbeginn erst etwa 20 000 Wehrmachtssoldaten gefangen genommen. Vom 19. November bis Ende 1942 kamen an der gesamten Front 36 000, in der kurzen Zeit vom 1. Januar bis zum 3. Februar 1943 dann aber nochmals 115 000 Kriegsgefangene dazu. Ein derart großer und unerwarteter Anstieg der Gefangenenzahl überforderte die Organisation der Hauptverwaltung für Kriegsgefangene und Internierte (GUPWI) beim Geheimdienst NKWD. Die Anzahl der Lager und deren Strukturen waren ebenso unzureichend wie die Verpflegung und die medizinische Versorgung. Hinzu kam die Erwartung der Roten Armee, dass die deutschen Gefangenen die angerichteten Kriegsschäden durch schwerste Arbeit wiedergutmachen sollten. Letztendlich blieb die Versorgung mit Lebensmitteln während des gesamten Kriegsverlaufes ein Problem. Die Sowjetunion konzentrierte ihre wirtschaftlichen Potenzen auf die Produktion von Kriegsgütern. Damit litt ihre eigene Armee, aber auch die Bevölkerung und letztlich die ständig wachsende Zahl an Kriegsgefangenen ständig Mangel an Nahrungsmitteln und Konsumgütern. Es war also nicht nur das inhumane sowjetische Gefangenensystem, das die Zahl der Überlebenden des Kessels von Stalingrad derart stark schrumpfen ließ.

Auch im Verhalten gegenüber der Bevölkerung war der Deutsch-Sowjetische Krieg wesentlich brutaler und verbrecherischer als jener im westlichen Europa. Der NS-Staat hatte die im Kriegsvölkerrecht gebotene Rechtsgleichstellung der Gegner vor dem Überfall auf die Sowjetunion außer Kraft gesetzt. Die slawische Bevölkerung sollte im europäischen Teil der Sowjetunion um 30 Millionen Menschen dezimiert werden. Massentötungen waren damit gewollt, geplant, befohlen und legitimiert. Das betraf nicht nur die systematische Ermordung der Juden, sondern ebenso Massaker gegen die Bevölkerung durch die Wehrmacht, die SS und den SD. Die Einheimischen wurden brutal drangsaliert, ausgeplündert und zum Arbeitsdienst verschleppt. Folglich nimmt es nicht wunder, dass viele die Partisanen hinter den deutschen Linien unterstützten.

Dass sich eine Armee gegen irreguläre Angreifer im besetzten Gebiet zur Wehr setzt, ist völkerrechtlich legal. Die Gewaltherrschaft der deutschen Besatzer aber, ihr Morden und Unterdrücken, Versklaven und Verhungernlassen der Zivilisten, machten das Anwachsen des bewaffneten Widerstandes im Hinterland mehr als verständlich. Die sowjetische Bevölkerung kämpfte ums Überleben. Dabei soll nicht verschwiegen werden, dass sich ihr Hass auf die Besatzer ebenfalls in Verbrechen wie Folter, Mord und Leichenschändungen gegen Wehrmachtangehörige niederschlug. Obgleich das Gros der Partisanen im rückwärtigen Armeegebiet kämpfte und damit Sache der Polizei, des SD und der SS war, führten auch Einheiten der 6. Armee Einsätze gegen Partisanen und »Sühnemaßnahmen« gegen die Bevölkerung durch. Die Bekämpfung der Partisanen im besetzten Gebiet blieb ein wachsendes Problem.

Das Leiden der Bevölkerung

Der militärische Angriff auf Stalingrad wurde von Seiten Hitlers erneut mit einem bestialischen Befehl begleitet. Er wies Ende August 1942 an, die männliche Bevölkerung zu töten und die weibliche abzutransportieren. Am 2. September begründete er seine Weisung damit, dass Stalingrad mit seiner »durchweg kommunistischen Einwohnerschaft besonders gefährlich sei«. Im September 1942 erging vom OKW der Befehl an die 6. Armee, die Bevölkerung Stalingrads für den deutschen Wirtschaftseinsatz zu rekrutieren. So sah sich Paulus erneut mit einer bindenden Weisung konfrontiert, die er nicht mit seinem Gewissen vereinbaren konnte. Am 18. September 1942 erließ er einen Armeebefehl: Die arbeitsfähige männliche Bevölkerung sollte für den Arbeitseinsatz evakuiert und die weibliche Bevölkerung in Arbeitslagern zusammengefasst werden. Er nahm den Befehl also nur zum Anlass, um die Bevölkerung aus dem Operationsgebiet abzuschieben. Der Armee kam daraufhin ein Flüchtlingsstrom aus Stalingrad entgegen, der die Logistik erheblich behinderte. So verschob Paulus das Problem ins Hinterland.

Flüchtlinge aus Stalingrad ziehen den Besatzern der 6. Armee mit ihrem wenigen Besitz entgegen, Oktober 1942.

Andererseits ging auch Stalin mit seinen eigenen Soldaten und seiner Bevölkerung brutal um. Sein Befehl Nr. 227 verbot jedem Soldaten, auch nur einen Meter zu weichen. Sowjetische Überlebende der Schlacht erinnerten sich, dass hinter den Verteidigern Einheiten mit starken Panzerkräften Stellung bezogen, die jeden Zurückweichenden zu erschießen hatten. Der sowjetische Soldat vor Stalingrad konnte folglich, so die lakonische Bilanz, zwischen einer Kugel in die Stirn oder in den Hinterkopf wählen.

Letztendlich wurde die Bevölkerung Stalingrads das Hauptopfer des rücksichtslosen Ringens zweier Diktatoren um das Prestigeobjekt »Stalingrad«. Im August 1942 befanden sich einschließlich der Kriegsflüchtlinge etwa 600 000 Menschen in der Stadt, doch Stalin und die Stawka zögerten deren Evakuierung hinaus. Die Bevölkerung nämlich sollte den Kampfwillen der Verteidiger erhöhen und an der Befestigung der Stadt mitarbeiten; aus Betriebsbelegschaften sollten zudem Kampfbrigaden gebildet werden. Nach dem schweren Bombardement von Luftwaffe und Artillerie der Wehrmacht ab dem 23. August hatten die Brände der Brenn- und Rohstofflager der Industriekombinate, aber auch der aus Holzhäusern bestehenden Vororte, die Stadt nächtelang wie eine riesige Fackel in den Himmel lodern lassen. Bis zu 40 000 Menschen starben nach sowjetischen Quellen im Feuer, Zehntausende wurden obdachlos. Die Strom- und Wasserversorgung der Stadt brach zusammen. Unter schwerem deutschem Beschuss versuchten viele, die Stadt zu verlassen. Tausende starben beim Versuch, die Wolga zu überqueren, durch Artilleriebeschuss und Luftangriffe oder ertranken im brennenden und gleichzeitig als Nachschubweg der Verteidiger umkämpften Strom.

Als am 24. August endlich mit der Evakuierung der Frauen und Kinder aus Stalingrad begonnen wurde, behinderten die Flüchtlingsströme die Bewegungen der kämpfenden Truppen. An den Landungsstellen an der Wolga entstand durch das Hin- und Herdrängen von Soldaten und Zivilisten unter deutschem Beschuss ein heilloses Chaos. Wenig später sollten auch die übrigen Bewohner die Stadt verlassen. Doch etwa 70 000 Zivilisten scheuten das Risiko der Flussüberquerung und blieben in Stalingrad. Fast täglich bombardierten die Deutschen nun die Stadt, die Bevölkerung verkroch sich in den Balkas bzw. den Kellern der Innenstadt. Hunger und Durst griffen um sich. Nachts zogen Hunderte zur Wolga, nicht selten beide Kampflinien überschreitend, um Wasser zu holen. In der Wolga schwammen Leichen und Öl, das Wasser war verseucht, es verbreiteten sich Krankheiten. Mit jedem Straßenzug, den die Deutschen eroberten, mussten auch sowjetische Zivilisten hinter die Linien abgeschoben werden.

Tagelang tobten die Kämpfe um manches Haus. Um das »Pawlow-Haus« allein wurde 58 Tage gerungen. In seinem Keller bangten 30 Zivilisten mit den Verteidigern. General Tschuikow hatte seinen Soldaten befohlen, sich bis auf 30 Meter an die deutschen Stellungen heranzuarbeiten. Das sollte es der gegnerischen Artillerie und Luftwaffe erschweren, nicht auch die eigenen Truppen zu treffen. Wurde ein Haus sturmreif gebombt, traf das auch die darin ausharrenden Zivilisten. Neben dem Tod durch Kampfhandlungen verloren viele Zivilisten aber auch ihr Leben durch Hunger und Seuchen. Jeder Soldat hatte seine Essensration, die meist älteren Männer, Frauen und Kinder hingegen nicht. Sie wurden von beiden Seiten geduldet, mancher Landser oder Rotarmist gab ihnen etwas von seiner Ration ab, doch eine ordentliche Versorgung gab es nicht, wenngleich Tausende Zivilisten hinter die deutschen Linien

Bewohner Stalingrads hausen während der Kämpfe in den Ruinen von Stalingrad.

58 Tage verteidigte ein Zug sowjetischer Soldaten unter Feldwebel Jakow Pawlow dieses Wohnhaus gegen die Wehrmacht. Frauen und Kinder hatten sich dorthin geflüchtet. Das Haus ist heute ein Denkmal in Wolgograd.

gebracht wurden und dort von der Wehrmacht vor dem Abtransport das Nötigste erhielten.

Und doch lebten Ende 1942 noch immer fast 8000 Zivilisten in der Stadt. Bei späteren Aufräumarbeiten wurden Massengräber gefunden, darunter erhängte oder erschossene Stadtbewohner. Die, die überlebt hatten, waren lange Zeit traumatisiert. So mancher konnte das Erlebte bis zu seinem Tod nicht verarbeiten. Einige von ihnen haben sich in den letzten Jahren der öffentlichen Aufarbeitung gestellt und Erschütterndes berichtet.

↗ **Sowjetsoldaten bejubeln Anfang Februar 1943 den Sieg in den Ruinen von Stalingrad.**

7 Stalingrad – Wirkung und Mythos

Mythos Kriegswende

Stalingrad ist bis heute in den Köpfen verankert. Der Name hat selbst seinen Eingang in die Umgangssprache gefunden, »Stalingrad« ist wie »Waterloo« das Synonym für eine vernichtende Niederlage geworden. Aber worin besteht die bis heute anhaltende Faszination dieser Schlacht, die über 75 Jahre zurückliegt? Die Kesselschlacht von Kiew 1941 beispielsweise war weit größer und der Zusammenbruch der Heeresgruppe Mitte 1944 bedeutete eine größere Niederlage für die Wehrmacht als Stalingrad.

Stalingrad ist also nicht irgendeine Schlacht, sie ist zu einer wesentlichen Wegmarke des Deutsch-Sowjetischen Krieges, aber auch des gesamten Weltkrieges geworden. In der Gesamtschau gelten die Auseinandersetzungen um Moskau, Nordafrika oder die Normandie hingegen eher als einzelne Operationen. Zum einen wurde Stalingrad nicht nur in der Sowjetunion, sondern in weiten Teilen Europas als Wendepunkt eines Krieges angesehen, in dem die Wehrmacht bislang trotz einiger Rückschläge in Europa und Nordafrika von einem Sieg zum nächsten geschritten war. Zum anderen grub sich Stalingrad wegen seiner Verluste und seiner Grausamkeit tief in das kollektive Gedächtnis der Kontrahenten ein. Dazu trug bei, dass die Schlacht schon während des Krieges von beiden Seiten zum Mythos stilisiert wurde. Eine solche emotionale Erzählung oder intellektuelle Sinnstiftung entsteht, wenn eine Schlacht kollektive und identitätsstiftende Wirkung über soziale und kulturelle Gräben hinweg entwickelt.

Die deutsche Niederlage in Stalingrad hatte eine Ausstrahlung weit über die Grenzen des Sowjetimperiums hinaus, denn sie veränderte die Sicht der deutschen Bevölkerung auf den Krieg. Viele ahnten nun, dass der Krieg zu einer Niederlage des Deutschen Reiches führen könnte und die Vergeltung der unterdrückten Völker für die deutschen Verbrechen

Die Widerstandsgruppe »Weiße Rose«. Sophie Scholl nimmt am Ostbahnhof München Abschied von ihrem Bruder Hans (l.) und Christoph Probst, die sich Ende Juni 1942 auf den Weg zur Ostfront machen.

hart ausfallen würde. In Deutschland wuchs der Widerstand gegen das NS-Regime. Beispielsweise verbreitete die Widerstandsgruppe »Weiße Rose« ein Flugblatt mit dem Appell der »Toten von Stalingrad« und forderte das deutsche Volk auf, sich von der nationalsozialistischen Tyrannei zu befreien. Das Trauma des Kessels führte bei Soldaten, Offizieren und Generalen dazu, in sowjetischer Gefangenschaft das »Nationalkomitee Freies Deutschland« (NKFD) und den »Bund Deutscher Offiziere« (BDO) zu gründen und sich so gegen Hitler und den Krieg zu engagieren. Stalingrad wurde zum Omen des Untergangs des »Dritten Reiches«.

Die Schlacht veränderte außerdem die Haltung der Verbündeten zum »Dritten Reich«. Die Achsenmacht Japan ignorierte Hitlers Forderung, sie solle die UdSSR ebenfalls angreifen, und konzentrierte sich auf die Schaffung eines vom Tenno-Reich dominierten »Großostasien«. In Italien löste das Ende der italienischen 8. Armee Bestürzung aus. Die Stimmung kippte, zumal sich das Land angesichts der bevorstehenden Niederlage der Deutsch-Italienischen Panzerarmee bei Tunis nun unmittelbar bedroht sah. Benito Mussolini war geneigt, mit Stalin einen Separatfrieden zu schließen, auch wenn er Hitler versicherte, dass die politische Beendigung des Krieges nicht in Frage komme und er weiter gegen die UdSSR kämpfen werde. Nach der alliierten Landung auf Sizilien wurde Mussolini im Juli 1943 allerdings von oppositionellen Faschisten und Monarchisten gestürzt; in den kommenden Monaten wechselte Italien schließlich ins Lager der Alliierten.

Der rumänische »Staatsführer« Ion Antonescu wiederum hatte Hitler für die Offensive 1942 drei Viertel seines Heeres zur Verfügung gestellt. Rumänien betrachtete sich als Partner Deutschlands, da es vom deutschen Triumph in Europa profitieren wollte. Doch mit dem Verlust der rumänischen Divisionen verschlechterte sich das Verhältnis Antonescus zu Hitler. Der Traum vom »Großrumänischen Reich« war geplatzt. Antonescu nahm nun diplomatische Kontakte zu den Alliierten auf, um Rumänien zu erhalten. 1944 wurde auch er gestürzt. In Ungarn führte die Niederlage ebenfalls zu heftigen Diskussionen. Reichsverweser Miklós Horthy sah noch nicht die Zeit, das Bündnis aufzukündigen, doch dessen Erosion hatte begonnen. In der finnischen Bevölkerung schließlich schlug die Stimmung 1943 um. Da das Land aus dem Krieg austreten wollte, führte es 1944 den Bruch mit Deutschland herbei. Die antisowjetische Front in Europa bröckelte.

Auf der anderen Seite stärkte der Sieg bei Stalingrad nicht nur die Moral der sowjetischen Soldaten und der Bevölkerung in der UdSSR, sondern leitete auch die Heimatverteidigung unter dem Motto »Befreiung vom deutschen Joch« ein. Doch die Wirkung ging über die Landesgrenzen hinaus. Stalingrad wurde für die Völker des unterdrückten Europa ein Symbol der Hoffnung und Ansporn für eigene Kriegsanstrengungen. Die nationalen Befreiungsbewegungen erhielten einen deutlichen Motivationsschub. In Frankreich beispielsweise schrieb die Résistance den Namen »Stalingrad« auf Häuserwände. Selbst in den USA sorgten im Herbst 1943 zwei Filme für Furore, die das Ringen um die hier bislang namenlose Stadt bekannt machten. Die Medien in den USA sowie in Großbritannien berichteten über den Sieg und erzeugten eine Sympathiewelle für das russische Volk. Präsident Franklin D. Roosevelt und der britische Premierminister Winston S. Churchill präzisierten ihr Kriegsziel mit den Worten »Germany first« und zeigten sich zu einer intensiven Unterstützung der Sowjetunion sowie zu Gesprächen mit Stalin bereit. 1943 stand die zweite Front in Europa erneut im Fokus der Alliierten.

Der deutsche Opfermythos

Ein Grund für das Nachwirken der Schlacht um Stalingrad im kollektiven Gedächtnis besonders der Deutschen ist der Opfermythos. Mit dem Untergang der 6. Armee lösten sich manche Illusionen in Luft auf: die von der unbesiegbaren Wehrmacht, von der Schwäche der Sowjetunion und für viele sogar die Illusion des deutschen »Endsiegs«. Die Niederlage führte zu einem schweren Vertrauensverlust gegenüber Hitler, der NS-Führung und der Wehrmachtführung in der deutschen Bevölkerung. Deshalb war die NS-Propaganda in der letzten Phase des Untergangs der 6. Armee bemüht, aus der schweren Niederlage einen »Helden- bzw. Opfermythos« zu stricken, der die kriegsmüde Bevölkerung zu neuen Anstrengungen treiben sollte. Demnach »verteidigte« die 6. Armee Europa an der Wolga vor den »bolschewistischen Horden«:

> Unter der Hakenkreuzfahne, die auf der höchsten Ruine von Stalingrad weithin sichtbar gehisst wurde, vollzog sich der letzte Kampf.

Generale, Offiziere, Unteroffiziere und Mannschaften fochten Schulter an Schulter bis zur letzten Patrone. Das Opfer der Armee war nicht umsonst. Sie starben, damit Deutschland lebe.

So endete die Mitteilung des OKW vom 3. Februar 1943. Aus den Aggressoren, die 1941 die Sowjetunion überfallen hatten, die einem ganzen Volk Tod, Leid, Hunger und Zerstörung gebracht hatten, waren damit Opfer und Verteidiger Deutschlands geworden.

Mit dem propagierten »Opfertod« nahm eine Legendenbildung ihren Anfang, wie sie kaum eine Schlacht der Militärgeschichte aufweisen kann. Es sei denn, man widmet sich der alten Mythologie und sieht die Nibelungen in einer Halle aus Brand und Feuer untergehen oder König Leonidas mit seinen Spartanern den Persern am Thermopylenpass den Zugang zu den griechischen Staaten verwehren. Diese Bilder griff Hermann Göring am 30. Januar 1943 in seiner »Leichenrede« auf die 6. Ar-

Versprengte deutsche Soldaten im Winter 1943. Solche Bilder erschienen in keiner Zeitung, da sie nicht zur NS-Propaganda passten.

mee auf – jener Göring, der am tausendfachen Tod aus Hunger und Erschöpfung erhebliche Schuld trug. Doch seine Vergleiche hinkten, denn diese Geschichten beschreiben die Vernichtung des Burgunderreiches durch fremde Angreifer, die Hunnen, und auch die Thermopylen, die Leonidas verteidigte, liegen im Heimatland der Griechen. Es wären folglich eher die aggressiven Eindringlinge, also die Hunnen oder die Perser, mit der 6. Armee zu vergleichen gewesen als die heroischen Opfer. Gleichwohl erfand Reichspropagandaminister Joseph Goebbels die »Verteidiger des Abendlandes« an der Wolga. Der Mythos nahm vorweg, was das NS-Regime 1944/45 auf dem Weg zum Untergang des »Dritten Reiches« prägen sollte: den fanatischen Aufruf zur Verteidigung des Abendlandes gegen die »kommunistisch-jüdischen Bestien«.

Doch die im Kessel noch Lebenden fochten keineswegs heroisch »bis zur letzten Patrone«. Sie wehrten sich zwar gegen die sowjetischen Angriffe, aber sie vegetierten unterernährt dahin, zum Schluss aller Hoffnungen beraubt und nur um das nackte Überleben kämpfend. Außerdem opferten sie sich nicht selbst – sie *wurden* geopfert. Die Mehrzahl der Toten im Kessel fiel gar nicht im Kampf. Vielmehr führten Entkräftung, Erfrieren, Krankheiten und Hunger dazu, dass die Soldaten jämmerlich zugrunde gingen und alles andere als den »Heldentod« fanden.

Die Unterernährung in der 6. Armee begann schon im September 1942, nach dem wochenlangen Vorstoß durch die Steppe, in der kaum Nahrung zu finden war. Die Operation »Uranus« kappte dann alle Lebensadern der 6. Armee, viele rückwärtige Depots gingen verloren. Schon eine Woche nach der Einschließung musste Paulus die Rationen seiner Soldaten um 50 Prozent kürzen lassen. In den ersten 14 Tagen der Luftversorgung wurden neben Treibstoff und Munition im Ganzen nur 38 Tonnen Verpflegung eingeflogen. Doch das LI. Armeekorps allein verbrauchte – bei halber Portion! – täglich 80 Tonnen Nahrungsmittel. Die gesamte 6. Armee mit ihren 250 000 Mann brauchte eigentlich 950 Tonnen pro Tag; die Armeeführung forderte 500 Tonnen, um wenigstens die Kampfkraft zu erhalten.

Der Zeitpunkt war absehbar, an dem die Soldaten infolge der Auszehrung zum Kämpfen nicht mehr in der Lage sein würden. Schnell entschlossen sich die Hungernden dazu, die Pferde der Armee zu schlachten. Der weitere Verlust der Mobilität war die Folge. Der Hunger war Mitte Dezember 1942 im Kessel so groß, dass Zeitzler im OKH sich und

Die Zeichnung *Die Verdammten* von Otto Herrmann nimmt die Darstellung des missbrauchten und weggeworfenen Soldaten aus Theodor Plieviers Roman *Stalingrad* auf.

seinem Stab die gleiche Rationierung auferlegte, um Hitler zu einer Lösung zu zwingen. Hitler allerdings verbot dem bald deutlich abgemagerten Zeitzler die »Solidaritätsaktion«. Am 21. Dezember 1942 meldete die 6. Armee ihren ersten Hungertoten. Bereits Ende November hatten Ärzte eine Häufung von Todesfällen bemerkt, die nicht mit Erfrieren, Verhungern oder Krankheit erklärt werden konnten. Die Männer fielen einfach um oder starben, wo sie saßen oder lagen. Als Ursachen wurden Unterernährung und Erschöpfung ermittelt.

Täglich verlor die 6. Armee zudem etwa 1000 Mann durch Kampfhandlungen. Ungewiss bleibt, inwieweit körperliche Schwäche und Apathie dem Tod Schützenhilfe leisteten. Kurz vor Weihnachten meldete Paulus einen Verpflegungsbedarf für 250 000 Mann und bat wenigstens um 200 Tonnen tägliche Nahrung für seine Soldaten. Die Luftversorgung aber brachte zu diesem Zeitpunkt maximal 100 Tonnen. Es war offensichtlich: Würden die Entsatzkräfte Hoths es nicht schaffen, den Kessel zu erreichen – die Soldaten der 6. Armee wären zu schwach, um gegen gut gerüstete sowjetische Truppen bestehen zu können. Die Armee befand sich im Todeskampf.

Mit der Einkesselung verschlechterte sich auch die Versorgung der Kranken und Verwundeten. Den Ärzten gingen zuerst die Betäubungsmittel, dann andere Medikamente aus. Bald erhöhte sich die Zahl der Kranken so immens, dass die Sammelstellen und Verbandsplätze überfüllt waren. Viele starben, bevor sie ein Arzt sah. Mit dem Kälteeinbruch nach Weihnachten unter minus 20 Grad bei Tag häuften sich Erfrierungen. Viele Soldaten besaßen ›dank‹ ihres »Führers« auch im zweiten Kriegswinter noch keine Winterausrüstung. Schwerverwundete konnten nur auf ein Überleben hoffen, wenn man sie aus dem Kessel flog. Solange die Flugplätze Pitomnik, Gumrak und Stalingradskij in deutscher Hand waren, gab es tatsächlich regelmäßige Verwundetentransporte. Wer das Flugzeug erreichte, hatte eine Chance zu überleben, sofern es nicht zu den 500 abgeschossenen Transportmaschinen gehörte. Anfangs konnten Kranke noch zum Flugplatz transportiert werden, im weiteren Verlauf versuchten ihn viele zu Fuß oder kriechend zu erreichen. Oft machte der Tod ihren Anstrengungen ein Ende.

Im Januar berichtete der aus dem Kessel ausgeflogene Panzergeneral Hube Hitler von dem »organisierten Massensterben«. Das Versorgungssystem war zusammengebrochen; es fehlte an Fahrzeugen oder Treibstoff. Die Überlebenden schafften am Tag kaum mehrere Kilometer Fußmarsch. Viele litten an Fehlernährung (Dystrophie), was zu chronischer Ermüdung führte. Die Umsetzung des Entschlusses, aufzustehen, konnte damit bis zu einer Stunde dauern. Mit den sowjetischen Angriffen auf den Kessel setzte der ständige Rückzug in die Stadt ein, deren Straßen bald Tote, Erfrierende und Verwundete säumten. Die noch Lebenden flehten um Mitnahme und mussten doch liegen gelassen werden. Die einst stolze 6. Armee verreckte.

Doch Hitler und der NS-Führung war das Schicksal der Soldaten im Kessel längst gleichgültig. Es galt nun, aus deren Dahinsiechen und Tod ein Heldenepos für die weitere Kriegführung zu schreiben. Und so wurde aus dem Krepieren verratener Soldaten ein heroischer Kampf bis zur letzten Patrone. Am 30. Januar 1943 hörten die dem Tode Geweihten im Kessel ihre Leichenrede – von Göring, dessen haltloses Luftversorgungsversprechen das Verderben dieser Armee beschleunigt hatte. War der Angriff auf Stalingrad in der deutschen Öffentlichkeit zunächst als glänzender Vormarsch wahrgenommen worden, so wurde der Name der Stadt nun zum Inbegriff des Leidens deutscher Soldaten. Die Feldpostbriefe, die die Heimat erreichten, die immer spärlicher werdenden Nachrichten der Medien über den bis November noch geschilderten heroischen Kampf um die Stadt und die bald völlig ausbleibenden Informationen von der Wolga machten der deutschen Bevölkerung das heraufziehende Unheil bewusst. Das Scheitern der Armee grub sich tief in das deutsche Bewusstsein ein. Der »Heldenmythos« aber half, die Niederlage zu akzeptieren.

Eigentlich hätte der Mythos Stalingrad mit dem Untergang des »Dritten Reiches« absterben müssen. Kein Deutscher schien ihn mehr zu brauchen. Und doch lebte er fort. Die Ungewissheit um das Schicksal von Millionen Kriegsgefangenen bewegte die Bevölkerung im Nachkriegsdeutschland sehr stark. Die wenigen Überlebenden der Schlacht kamen zwischen 1948 und 1956 in die Heimat zurück und sahen sich als »Opfer«, die das Leiden im Kessel und die sowjetische Willkür erduldet hatten. Ihre Erinnerung und ihre deutenden Erzählungen von einem ganz brutalen Kriegsalltag in Stalingrad wurden zeitgleich mit den Memoiren von Generalen veröffentlicht, die die Mythen von der Alleinschuld Hitlers und der »sauberen« Wehrmacht begründen sollten. Man las den Roman *Stalingrad* (1945) von Theodor Plievier, der die Schlacht realistisch und den einfachen Soldaten im Kessel als Opfer der Wehrmachtgeneralität beschrieb.

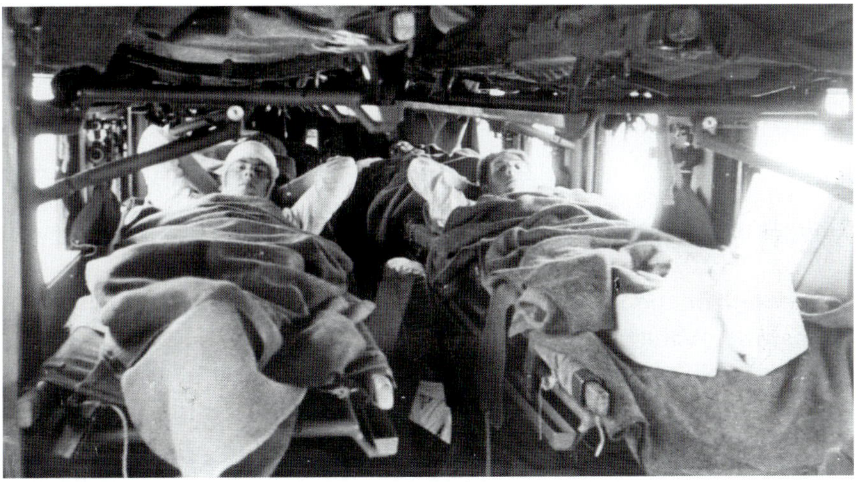

Wer Glück hatte, kam noch raus. Verwundete vor dem Abtransport 1942

Der Film *Der Arzt von Stalingrad* (Deutschland 1957), basierend auf dem gleichnamigen Roman von Heinz G. Konsalik, transportiert die Botschaft des treuen deutschen Soldaten, der geopfert wurde.

In den 1950er Jahren wurde die Schlacht zu einer zentralen Chiffre der Erinnerung an den Zweiten Weltkrieg in der Bundesrepublik Deutschland. Bücher wie Heinz G. Konsaliks Roman *Der Arzt von Stalingrad* (1956) oder *Hunde, wollt ihr ewig leben* von Fritz Wöss (1958) und deren Verfilmungen (1958/1959) fanden ein Millionenpublikum. Sie sprachen das auch im deutschen Volk stark empfundene Leiden an diesem Krieg an, blendeten dabei aber die Kriegsschuld und die Kriegsursachen aus. Die »Stalingrader« selbst fühlten sich als Opfer einer verbrecherischen Staats- und Militärführung. Was sie in der deutschen Nachkriegsgesellschaft aber übersahen: Viele von ihnen waren nicht nur Opfer, sondern auch Urheber einer bestialischen deutschen Kriegführung. Doch die Mehrzahl der ehemaligen Soldaten war an der Aufarbeitung ihrer Verantwortung im Krieg und damit an einer Schulddiskussion im Nachkriegsdeutschland nicht interessiert, sodass der »Opfermythos« fortlebte.

Sowjetische Mythen um die Schlacht

Bis heute wird die Schlacht in der Russischen Föderation als die Wende im »Großen Vaterländischen Krieg«, ja im Zweiten Weltkrieg gesehen. Für die UdSSR bzw. die Russische Föderation war unzweifelhaft der »Große Vaterländische Krieg« mit der Schlacht um Stalingrad an zentraler Stelle sinnstiftend. Der Sieg der Vielvölkerarmee gegen den Aggressor hatte nicht nur für den weiteren Kriegsverlauf eine zentrale Bedeutung. Die Befreiung des eigenen Landes, aber auch Südosteuropas und

Deutschlands von der nationalsozialistischen Herrschaft wurde zugleich zum Gründungsmythos des Ostblocks unter der Herrschaft der UdSSR und unter dem Schutz der »ruhmreichen und unbesiegbaren Sowjetarmee«. Stalingrad bildet im Geschichtsbild der Russischen Föderation bis heute die Wende des Krieges.

Nach dem Zusammenbruch der kommunistischen Herrschaft nutzte die Russische Föderation den Mythos »Großer Vaterländischer Krieg«, um einem drohenden Auseinanderfallen ihres Vielvölkerstaates mit der Bindekraft des gemeinsamen »Kampfes gegen den Faschismus« entgegenzuwirken. Stalingrad bildete einen wichtigen Baustein dieses Mythos, denn das Ringen in den Häuserschluchten ermöglichte es, »Heldenfiguren« zu schaffen. Die sowjetische Propaganda versuchte

Soldaten der Roten Armee marschieren nach dem Ende der Kämpfe musizierend durch Stalingrad, 4. Februar 1943.

schon während der Kämpfe, mit diesen Bildern die Verteidiger der Stadt zu motivieren. Nach dem Sieg wurde der Mythos auf die ganze Stadt ausgeweitet. Bis heute ist er in der russischen Erinnerung präsent, und nicht nur zum 70. Jahrestag der Schlacht bezeichnete sich das heutige Wolgograd als »Heldenstadt«.

Ausgangspunkte der Legendenbildung waren Einzelbeispiele zäher Verteidigung von Gebäuden, aber auch die sowjetischen Scharfschützen. Helden wie der Leutnant Anton Dragan sollten den Kampfgeist der Verteidiger in der »Blutmühle« beleben. Dragan hatte von Tschuikow am 15. September den Befehl erhalten, mit seiner Einheit den verlorenen Hauptbahnhof zurückzuerobern. Sowjetische Kämpfer schlichen sich in der Nacht in den Bahnhof, wurden durch deutsche Panzer erneut zurückgeworfen und setzten sich im Gegenangriff wieder fest. Nach dem folgenden endgültigen Verlust des Bahnhofs sowie der angrenzenden Nagelfabrik verbarrikadierte sich die 40-köpfige Gruppe in einem dreistöckigen Haus, das von deutschen Panzern sturmreif geschossen wurde. Nur sechs der Verteidiger überlebten das Himmelfahrtskommando. Auch »Pawlows Haus«, das bereits während der Schlacht Symbolcharakter gewann, spielt als Denkmal in der Erinnerungskultur der Stadt bis heute eine bedeutende Rolle. Feldwebel Jakow Pawlow hielt mit seinem Infanteriezug das Haus 58 Tage lang gegen die deutsche Übermacht. Zu Propagandaruhm kamen auch sowjetische Scharfschützen, die erfolgreich in den Ruinen von Stalingrad operierten. Die Wehrmacht fürchtete die als »kaltblütige Heckenschützen« abqualifizierten Spezialisten gleichwohl

Schaukasten mit einem Propagandaplakat über den Scharfschützen Saizew im Panoramamuseum in Wolgograd

zutiefst. General Tschuikow erkannte deren psychologische Wirkung und befahl ihnen, dem deutschen Soldaten das Gefühl zu geben, dass er jederzeit in die Mündung eines russischen Gewehrs blicke.

Die propagandistische Verwertung dieser Einzelbeispiele wurde alsbald systematisiert und sollte den Heldenmut der sowjetischen Soldaten im Kampf um die Befreiung vom »faschistischen Joch« beflügeln. Solche Vorbilder waren zur Motivation der Kämpfer wichtig. Viele von ihnen kamen nachts über die Wolga und hatten in den mörderischen Kämpfen oft nur noch ein oder zwei Tage zu leben. Bis zum Schluss verteidigten trotz des hohen Blutzolls fast 50 000 Soldaten die letzten Häuserzüge und Werkhallen der Stadt. Die hartnäckige Verteidigung begründete den Mythos »Heldenstadt«, der allerdings über die fast eine Million Opfer hinwegtäuscht. Der »Heldenmythos« übertünchte nämlich, dass die sowjetische Führung ihre Soldaten gnadenlos in der »Blutmühle« von Stalingrad verheizte und zusätzlich Tausende sowjetische Soldaten wegen »Feigheit« erschießen ließ.

Stalingrad in Russlands Geschichtsbild und Erinnerungskultur

Die sowjetische Geschichtswissenschaft bemühte sich frühzeitig darum, die »Schlacht an der Wolga«, wie sie zeitweilig genannt wurde, als die entscheidende Schlacht im »Großen Vaterländischen Krieg« darzustellen. Dort, so versuchten sowjetische Militärs und Historiker nachzuweisen, lag der Übergang der sowjetischen Streitkräfte zur modernen Kriegskunst, dort begann die führungsmäßige Überlegenheit über die Wehrmacht, dort ging die Rote Armee von der Defensive zur Offensive über. Und dort, so die sowjetische Überzeugung, zeigten sich Heldenmut und Patriotismus der Menschen, die in der »fortschrittlicheren Gesellschaft« lebten und kämpften. Diese Sichtweise wurde durch zahlreiche Publikationen verbreitet, wobei Quellenarbeit und historische Wahrheit, insbesondere was die Menschenführung und Verluste im Krieg betraf, zugunsten der ideologischen Mythenbildung geopfert wurden. Zahlreiche Memoiren führender Generale stützten das Gesamtbild, wenngleich der »Streit der Marschälle« durchaus einen Blick hinter die Kulissen erlaubte und die Erinnerungen Tschuikows in erschütternder Weise die riesigen Opfer der Schlacht auf sowjetischer Seite offenbarten. Bis zum Ende der

Sowjetunion stellte sich die Geschichtswissenschaft keinen kritischen Fragen. Die Darstellung der Schlacht von Stalingrad blieb ein Politikum.

Das Deutungsmuster der »Helden« von Stalingrad wirkt in der Russischen Föderation bis heute fort. Nach einer Phase des geschichtswissenschaftlichen Aufbruchs in den 1990er Jahren war es wiederum die Politik, die der Wissenschaft Grenzen wies. Zudem gibt es für viele Russen gar keinen Grund, das überkommene Geschichtsbild in Frage zu stellen. Der »Große Vaterländische Krieg« war in ihren Augen ein zutiefst gerechter Krieg, ein Kampf zum Schutz und zur Befreiung der Heimat gegen den äußeren Aggressor und Unterdrücker. Zudem stellt er in der Vielvölkergemeinschaft der Föderation eine übergreifende und identitätsstiftende Erinnerung dar. Die Russische Föderation bedient sich dieser Erinnerungskultur aus triftigen politischen Gründen. Während der Reformen unter Michail Gorbatschow brachen der Ostblock und der Warschauer Pakt zusammen. Die UdSSR verlor international die Rolle einer bestimmenden Macht in der Welt und im Innern ein verbindendes identitätsstiftendes Element. Immer mehr Republiken lösten sich von der Föderation, gingen eigene politische Wege. Die Russische Föderation nutzt bis heute die gemeinsame Erinnerung an den Krieg als bindendes Element. Trotzdem bemühen sich russische Historiker um eine der Objektivität angenäherte Darstellung der Schlacht. So wissen wir heute wesentlich mehr über den Zustand der Roten Armee, die unermesslichen Verlustzahlen im Krieg und auch zur Schlacht selbst.

Nach Wolgograd, ins frühere Stalingrad, kommen jährlich mehr als eine Viertelmillion Menschen, um den Schauplatz einer der bekanntesten Schlachten des Zweiten Weltkrieges zu besuchen. Sie werden von der »Mutter Heimat ruft«, einer Kolossalfigur auf dem Mamajew-Hügel, und einer monumentalen Gedenkstätte empfangen. Die »Heldenstadt« hält ihren Mythos mit vielen Museen und Gedenkstätten an die Schlacht wach, beispielsweise mit der Ruine der alten Mühle oder einem zerschossenen Panzer, in dem die fünfköpfige Besatzung starb. Deutsche und russische Gräberfelder erinnern an die gewaltigen Verluste auf beiden Seiten. In den großen Militärmuseen in Moskau oder St. Petersburg bildet die Schlacht einen zentralen Aspekt in der Darstellung des Krieges. Die Erinnerung wird bis heute durch Gedenkveranstaltungen von einer Generation an die nächste weitergegeben. Der »Große Vaterländische Krieg« ist fester Bestandteil der russischen Identität.

Das 85 Meter hohe Kriegsdenkmal »Mutter Heimat ruft« soll an den Heldenmut der Verteidiger von Stalingrad und zugleich an den sowjetischen Sieg im Großen Vaterländischen Krieg erinnern.

Stalingrad in Deutschlands Geschichtsbild und Erinnerungskultur

Das Bild der Schlacht von Stalingrad konnte in der DDR nicht weit vom sowjetischen Modell entfernt sein, denn die ostdeutsche Geschichtswissenschaft wurde von ideologischen Prämissen des »großen Bruders« stark beeinflusst. In den 1950er Jahren wurde die Schlacht als der Wendepunkt in der Geschichte des Zweiten Weltkriegs auf dem Weg der Sowjetarmee zur Befreiung Europas vom »Faschismus« dargestellt. Gleichzeitig entwickelte die SED-Führung ihren eigenen Gründungsmythos aus der deutschen Niederlage. Mit ihr habe ein Umdenken stattgefunden, dem der Wunsch nach einem neuen Deutschland entsprungen sei. Dieses Umdenken wurde von einstigen Mitgliedern des NKFD getragen, die beim Aufbau der DDR eine zentrale Rolle spielten. Der kommunistische Widerstand gegen den Nationalsozialismus im NKFD wurde zum »Mythos« der DDR als »Staat des Friedens« und der Freundschaft zur Sowjetunion.

Während die offizielle DDR-Geschichtswissenschaft Fortschrittlichkeit und Überlegenheit der Sowjetunion propagierte, bestätigte die

Die Niederlage von Stalingrad sowie die Gründung des NKFD im Juli 1943 wird in dieser Auftragsarbeit des Armeemuseums der DDR von Werner Tübke gemeinsam dargestellt.

Erinnerungsliteratur einerseits die These des Umdenkens und beschäftigte sich andererseits mit den Führungsfehlern der NS-Führung (Wilhelm Adam, *Der schwere Entschluß*, 1965; Erich Weinert, *Memento Stalingrad*, 1951). Darin erschienen sowohl die Soldaten als auch das Volk als Opfer des verbrecherischen NS-Staates sowie seiner »bürgerlichen« Handlanger in Militär, Wirtschaft und Gesellschaft. Das Erleben der sowjetischen Kriegsgefangenschaft hinterließ zumeist tiefe Spuren in der Seele der Heimkehrer. Je niedriger der Dienstgrad, um so schlimmer waren auch die Umstände während der Gefangenschaft. Immerhin überlebten über 50 Prozent der Offiziere die Gefangenschaft – je höher der Dienstgrad, desto höher die Überlebenschance. Nur wenige behielten ihr nationalsozialistisches Gedankengut und hofften bis Kriegsende auf den »Endsieg«. Ein großer Teil wandte sich, gefördert durch sowjetische Umerziehungsversuche in sogenannten Antifa-Schulen, im NKFD oder im BDO noch während des Krieges von Hitler sowie vom Nationalsozialismus ab und verurteilte den Krieg. Nicht selten war das aber auch den Umständen der Kriegsgefangenschaft geschuldet. Eine Anzahl von ehemaligen Offizieren und Unteroffizieren der Stalingrader Schlacht bildeten die Gründergeneration in den neuen Streitkräften der DDR.

Auch das bundesdeutsche Geschichtsbild zum Zweiten Weltkrieg und zur Schlacht von Stalingrad wandelte sich über die Jahrzehnte. Bis in die 1960er Jahre war die Debatte geprägt durch die Memoiren der Wehrmachtgenerale und fehlendes Aktenmaterial. Entsprechend herrschte das Bild von der alleinigen Schuld Hitlers und seiner nationalsozialistischen Eliten auf der einen und der tapfer kämpfenden, verführten, aber »unschuldigen« Wehrmacht auf der anderen Seite vor. In den Büchern *Hitler als Feldherr* (1949) von Franz Halder oder *Verlorene Siege* (1955) von Erich von Manstein verfolgten die Autoren genau diese Strategie. Die Rede von der »sauberen« Wehrmacht ging mit politischen Intentionen einher, wie die Ehrenerklärungen von US-General Dwight D. Eisenhower 1951 und Bundeskanzler Konrad Adenauer 1952 dokumentieren. Damit die Bundesrepublik in das westliche Bündnis eingebunden werden konnte, sollte der westdeutsche Staat auch einen Verteidigungsbetrag gegen die vermeintliche sowjetische Bedrohung leisten, für den ehemalige Soldaten und Generale der Wehrmacht als Gründerväter einer neuen deutschen Armee gebraucht wurden.

Der Pfarrer und Arzt Kurt Reuber zeichnete die »Stalingradmadonna« zur Weihnachtsfeier 1942. Sie steht heute für den Gedanken der internationalen Versöhnungsarbeit. Das Original hängt in der Kaiser-Wilhelm-Gedächtnis-Kirche in Berlin, Kopien in Wolgograd und Coventry.

Die Mehrheit der Gesellschaft war lange Zeit nicht bereit, sich der Schuldfrage zu stellen. In Zeiten des »Wirtschaftswunders« nahm das öffentliche Interesse am soeben vergangenen Krieg sogar ab.

In den 1960er Jahren erschütterte dann die Generation der Kinder mit ihrer Frage nach der Mitschuld der Väter das etablierte Geschichtsbild der Bundesrepublik. Die kritische, wissenschaftliche Auseinandersetzung speziell mit dem Deutsch-Sowjetischen Krieg begann erst in den 1970er Jahren unter anderem mit dem zehnbändigen Gesamtwerk *Das Deutsche Reich und der Zweite Weltkrieg*. Dessen Band 6 (1990) setzt sich dezidiert mit den Rahmenbedingungen der Stalingrader Schlacht, den Verbrechen beider Seiten und auch der Wehrmacht im Krieg und den Auswirkungen der Schlacht auf nationaler und internationaler Ebene auseinander.

In dieser Zeit erfolgte eine weitere Zäsur in der deutschen Historiografie. Der Focus verlagerte sich vom Verlauf der Schlacht auf den Kriegsalltag des »kleinen Mannes«. Dieser Trend erhielt durch die Öffnung sowjetischer Archive neue Nahrung. Neues Quellenmaterial und Feldpostbriefe erlaubten neue Perspektiven auf das Ringen um Stalingrad, das Denken und Fühlen der deutschen, aber auch der russischen Soldaten.

Auch wenn heute kaum noch Zeitzeugen der Schlacht am Leben sind, hat sich die Erinnerung an das Grauen des Krieges über die Generationen hinweg erhalten. Stalingrad ist und bleibt in der russischen Geschichtsdarstellung und der kollektiven Erinnerung ein zentraler Bezugspunkt für das Selbstwertgefühl. Für die Deutschen hingegen sinkt der Erinnerungswert, obwohl zum 70. Jahrestag der Schlacht Museen wie das Militärhistorische Museum der Bundeswehr in Dresden mit exponierten Sonderausstellungen ein großes Publikum anzogen. Ständiger Erinnerungsort an den Deutsch-Sowjetischen Krieg ist das Deutsch-Russische Museum in Berlin-Karlshorst. Am Ort der Kapitulation der Wehrmacht vom 8./9. Mai 1945 haben deutsche und russische Historiker in der Dauerausstellung eine gemeinsame Sicht auf den Deutsch-Sowjetischen Krieg geschaffen sowie die unterschiedlichen Perspektiven und Erinnerungen miteinander vereint.

↗ Das Getreidesilo wurde zum Sinnbild der Schlacht um Stalingrad. Das Bild zeigt deutsche Soldaten in einer Kampfpause am 21. September 1942.

8 Fazit: Die Bedeutung der Schlacht um Stalingrad

Vor der Schlacht um Stalingrad beherrschte das »Dritte Reich« fast den gesamten europäischen Kontinent und hatte sein Einflussgebiet bis an die Wolga ausgedehnt. Den unterdrückten Völkern Europas blieb wenig Hoffnung, die deutschen Besatzer zu vertreiben. Mit dem Überfall auf die Sowjetunion hatte das nationalsozialistische Regime im Sommer 1941 einen historisch beispiellosen rassenideologischen Eroberungs-, Raub- und Vernichtungskrieg begonnen. Die deutsche Kriegführung im Ostfeldzug war zutiefst amoralisch und völkerrechtswidrig. Unmenschlichkeit, Brutalität und eine kompromisslose Weltanschauung prägten die Erfahrungen der Soldaten auf beiden Seiten. Lag darin eine der Ursachen dafür, dass die 6. Armee buchstäblich bis zum Letzten kämpfte? Im Gegensatz zu ihren Kameraden an der Ostfront begaben sich nur wenige Monate später, als auch deren Kampf aussichtslos geworden war, fast eine Viertelmillion deutsche und italienische Soldaten in Nordafrika in alliierte Gefangenschaft, ohne bis zur letzten Patrone gekämpft zu haben.

In Russland gilt die Schlacht um Stalingrad bis heute als die entscheidende Wende im »Großen Vaterländischen Krieg«. Der Roten Armee gelang zum ersten Mal eine große moderne militärische Operation. Stalingrad machte die Besiegbarkeit der Wehrmacht offenkundig. Und in der Tat führte der Sieg eine psychologische Wende herbei, er bildete eine Zäsur für die Betroffenen. Er erschütterte zudem die Achsenmächte insgesamt und hinterließ tiefe Risse in ihrem Bündnis. Für die westlichen Alliierten wie auch für die unterdrückten Völker Europas war Stalingrad ein entscheidender Beweis für die Besiegbarkeit Hitler-Deutschlands und ein Fanal für den Widerstand.

Der Umschwung war tatsächlich gravierender, als es auf den ersten Blick den Anschein hat. In der zweiten Hälfte des Jahres 1942 verlor das Deutsche Reich auf fast allen Kriegsschauplätzen die strategische Initiative an die Alliierten. Hatte das Reich bereits Ende 1941 die Fähigkeit verloren, an der gesamten Ostfront die Offensive zu führen, so scheiterte mit dem »Fall Blau« die letzte Großoffensive im Südabschnitt der Ostfront. Nach dem Fall von Stalingrad brachte lediglich die Rückeroberung Charkows im Februar/März 1943 noch einmal einen größeren Erfolg. Doch das Unternehmen »Zitadelle«, die letzte große operative Offensive der Wehrmacht im Juli 1943 an der Ostfront, ging mit der Schlacht um Kursk verloren.

Auch die Niederlage in Nordafrika trug wesentlich zu der Wende bei. Der Sieg der Alliierten dort öffnete ihnen das Tor zur »Festung Europa«, was die unmittelbare Bedrohung Italiens ermöglichte. Ziehen wir gar das Geschehen auf allen Kriegsschauplätzen des Zweiten Weltkrieges in Betracht, so zeichnete sich im Pazifik mit den Schlachten im Korallenmeer im Mai, bei den Midway-Inseln im Juni und der amerikanischen Gegenoffensive seit August 1942 gegen Japan ein Umschwung ab. Es kann durchaus berechtigt von einer allgemeinen Kriegswende zu Ungunsten der »Achsenmächte« gesprochen werden.

Diese Wende war nicht zuletzt auf die deutliche Veränderung des Kräfteverhältnisses zugunsten der Alliierten zurückzuführen. Der Mobilisierungsvorsprung, den die Achsenmächte zu Beginn des Krieges in die Waagschale werfen konnten, hatte sich aufgebraucht. Der Faktor Zeit arbeitete für die Anti-Hitlerkoalition, die mit dem Kriegseintritt der USA zudem den weltgrößten Industrieproduzenten hinzugewonnen hatte. Zusammen mit Großbritannien erzeugten die USA 1938

Die Opfer des Krieges. Leichen und zertrümmertes Kriegsgerät bei Stalingrad

knapp 40 Prozent der Weltindustrieproduktion. Auf der anderen Seite der »Achse« stand die Sowjetunion mit einer von Jahr zu Jahr wachsenden Rüstungsproduktion und schier unerschöpflichen menschlichen Ressourcen. Zudem war das technische und operative Vermögen der Alliierten gewachsen. Die Briten hatten sich von ihrem Versuch, die deutsche Kriegführung zu kopieren, verabschiedet und ihren *British Way of War* entwickelt. Die Rote Armee wiederum näherte sich immer mehr der deutschen Kriegführung an, wobei sie mit ihren Massen von Mensch und Material zunehmend militärische Erfolge erzielte. Wenngleich das Scheitern des »Blitzkrieges« vor den Toren Moskaus 1941/42 bereits die eigentliche Wende im Deutsch-Sowjetischen Krieg bedeutete, wurde erst 1942/43 der Umschwung zugunsten der Alliierten auf allen Kriegsschauplätzen offensichtlich.

Die vielfältigen Gründe für die Katastrophe um Stalingrad sind heute offensichtlich. Sie reichen von der Unterschätzung des Gegners in der Planungsphase der Operation »Blau« bis hin zur Überschätzung der eigenen Möglichkeiten. Offensichtlich verdrängten Hitler und die Wehrmachtführung in einer ausweglosen Situation nach dem Scheitern des »Unternehmens Barbarossa« die Realität bewusst, um eine neue Offensive überhaupt sinnvoll erscheinen zu lassen. Die mahnenden Stimmen vor der Sommeroffensive 1942 lassen erkennen, dass sich die Wehrmachtführung durchaus des Risikos dieses Unternehmens bewusst war, jedoch keine Alternative anbieten konnte. Der Krieg war zu diesem Zeitpunkt eigentlich schon verloren. Als schwere operative Fehlentscheidung erwies sich zudem die Aufspaltung der deutschen Offensivkräfte mit dem gleichzeitigen Vorstoß zur Wolga und in den Kaukasus.

All dies lässt die Katastrophe im Nachhinein nicht nur als absehbar, sondern vielmehr als nahezu folgerichtig erscheinen. Hitlers Haltebefehle waren zwar den Erfahrungen aus dieser Winterkrise geschuldet, jedoch in operativer Hinsicht ein großer Fehler. Die Wehrmachtführung stand Hitlers Autorität hilflos gegenüber. Zum Teil wurden die Entscheidungen des Diktators aber auch aus Opportunismus unterstützt, etwa von Göring, Keitel oder Jodl. Der OKH-Chef Zeitzler und die Oberbefehlshaber der Heeresgruppen wiederum rangen um militärisch sinnvolleres Handeln, ohne sich gegen Hitler durchzusetzen, wobei ihnen der Mut auch zu widersetzlichem Verhalten oder eigenständigem Handeln fehlte. Alternativen hätte es durchaus gegeben. Doch deren Urheber hätten mit ihren Plänen zwar möglicherweise die operative Lage verbessert, aber die Kriegsniederlage des Deutschen Reiches allenfalls verzögert. Das Verbot der Kapitulation wurde zum Verbrechen an den Soldaten der 6. Armee.

Ein anderer Gedanke scheint gerade in dem Zusammenhang von Interesse. Paulus betonte rückblickend, dass das deutsche Volk bezüglich seiner Person ein Abweichen vom soldatischen Gehorsam nicht verstanden hätte. Der Ausbruch wider den Befehl wäre »ein ausgesprochen revolutionärer, politischer Akt gegen Hitler gewesen«. Paulus weist damit auf die Konsequenz seiner Entscheidung hin. Der Krieg war Ende 1942 für Deutschland militärisch nicht mehr gewinnbar, er hätte nur noch politisch beendet werden können. Die verbrecherische Kriegführung und der Holocaust allerdings machten für die Alliierten einen Friedensschluss mit dem NS-Staat unmöglich. Im Januar 1943 verkündeten der amerikanische Präsident Franklin D. Roosevelt und der britische Premierminister Winston S. Churchill folgerichtig ihre Forderung nach der bedingungslosen Kapitulation des Deutschen Reiches. Nur der Sturz des NS-Regimes und die Beendigung des Krieges konnten das deutsche Volk noch retten.

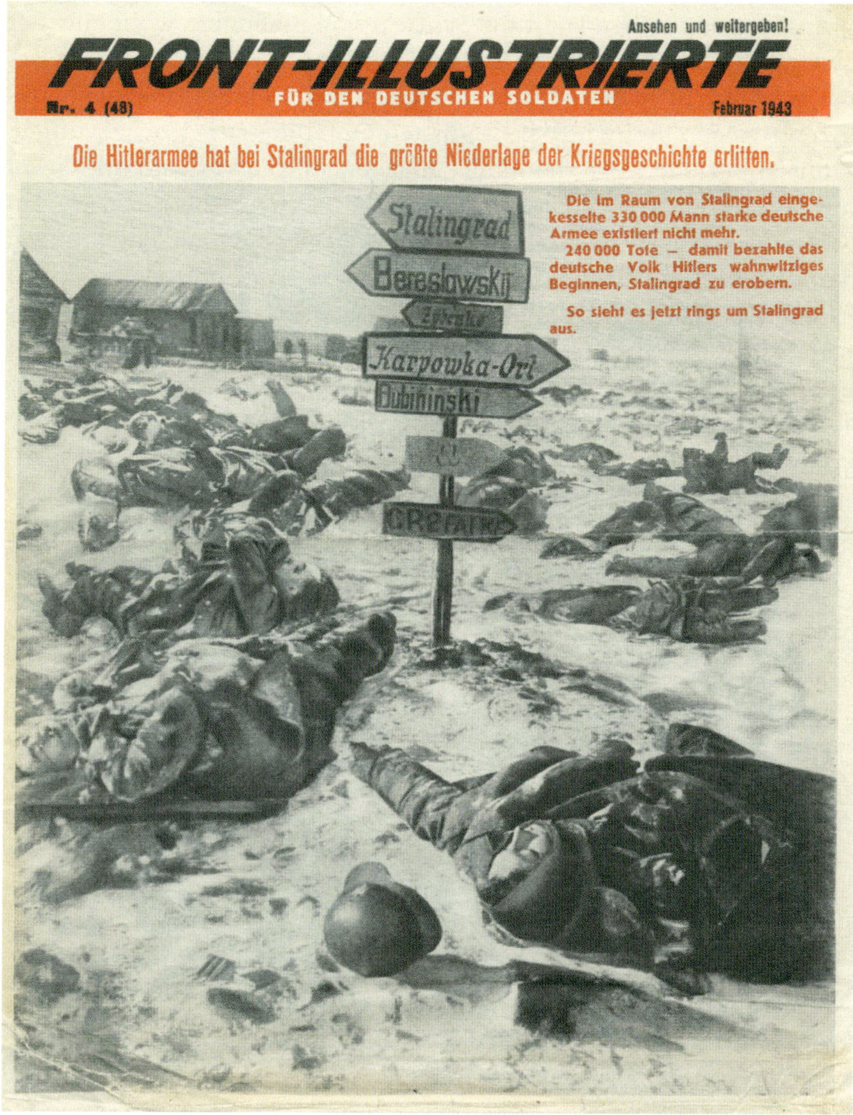
Ansehen und weitergeben!

FRONT-ILLUSTRIERTE

FÜR DEN DEUTSCHEN SOLDATEN

Nr. 4 (48) Februar 1943

Die Hitlerarmee hat bei Stalingrad die größte Niederlage der Kriegsgeschichte erlitten.

Die im Raum von Stalingrad eingekesselte 330 000 Mann starke deutsche Armee existiert nicht mehr.

240 000 Tote – damit bezahlte das deutsche Volk Hitlers wahnwitziges Beginnen, Stalingrad zu erobern.

So sieht es jetzt rings um Stalingrad aus.

Sowjetische Kriegsflugschrift. Die Abwurfblätter hatten eine hohe Auflage und sollten den deutschen Soldaten die Sinnlosigkeit des Weiterkämpfens klarmachen. Die zugrundeliegende Abbildung wurde von der russischen Kriegsfotografin Natalja Bode arrangiert. Beim gedruckten Bild handelt es sich allerdings um eine Fotomontage.

Insgesamt gesehen stellt die Schlacht von Stalingrad wohl eine der blutigsten Schlachten des Zweiten Weltkrieges dar. Mit letzter Gewissheit wird sich nicht mehr feststellen lassen, wie viele Soldaten der beteiligten Armeen und wie viele Zivilisten Opfer dieser Schlacht wurden. Zumeist beziehen sich die Zahlenangaben auf die Verluste im Kampf um den Kessel. Dort befanden sich am 18. Dezember 1942 nach den Kriegstagebüchern der 6. Armee und Verpflegungsstärkemeldungen der Korps 230 300 Deutsche und Verbündete. Darunter waren 13 000 Rumänen sowie 19 300 sowjetische Gefangene und »Hilfswillige« (Hiwis). Jüngeren Schätzungen zufolge wurden 195 000 deutsche Soldaten im November 1942 eingeschlossen. 25 000 von ihnen hatten das Glück, ausgeflogen zu werden, 60 000 starben vermutlich im Kessel. Von den 108 000 Soldaten, die Anfang Februar den langen Weg in die Gefangenschaft antraten, kamen schon auf dem Marsch in die Lager und Lazarette

Die Opfer eines bestialischen Krieges, Stalingrad, Februar 1943

17 000 ums Leben. Der körperliche Erschöpfungszustand und Krankheiten sollten Zehntausende in den Folgemonaten dahinraffen. Es ist daher nicht allein dem sowjetischen Kriegsgefangenensystem anzulasten, dass nach dem Krieg nur etwa 6000 Stalingradkämpfer in ihre Heimat zurückkehrten.

Doch die Verluste der Schlacht waren auf beiden Seiten wesentlich höher. Um Stalingrad und den Donbogen kämpften nicht nur die Eingeschlossenen, sondern auch die Kräfte der Heeresgruppe B bzw. Don. Die Verbündeten verloren bei den Gegenangriffen der Roten Armee 545 000 Soldaten: die ungarische 2. Armee 150 000, die italienische 8. Armee 95 000 und die zwei rumänischen Armeen an die 300 000. Dazu kamen die Verluste der Heeresgruppen B und Don von 300 000 Mann. Die Rote Armee wiederum führte 1,7 Million Mann in die Schlacht um Stalingrad und zählte 1 130 000 getötete, verwundete, vermisste und gefangene Soldaten. Zum 70. Jahrestag der Schlacht sprach der russische Präsident Wladimir Putin 2013 sogar von 700 000 gefallenen sowjetischen Soldaten.

Die Meldungen vom Ende der 6. Armee lösten im Reich lähmendes Entsetzen aus. Seit dem Spätsommer 1942 hatte das Thema Stalingrad die Öffentlichkeit bewegt. Bis November hatte die NS-Propaganda den Menschen vorgegaukelt, dass der Krieg gewonnen, nur noch nicht beendet sei. Die Angst vor einem Stimmungsumschwung ließ Hitler und seine Getreuen vor radikalen Maßnahmen, alle personellen und materiellen Ressourcen für den Krieg zu mobilisieren, zurückschrecken. Goebbels' berüchtigte Berliner Sportpalastrede am 18. Februar 1943 und das hysterische Umjubeln seines Ausrufs »Wollt Ihr den totalen Krieg?« durch die ausgesuchten Zuhörer war denn auch nur ein propagandistischer Budenzauber. Das Spektakel konnte die tiefe Vertrauenskrise der Bevölkerung gegenüber dem Regime nicht beseitigen. Nach Stalingrad war nichts mehr wie zuvor: Die einen sahen sich durch das Beispiel der 6. Armee nun zum Einsatz aller Kräfte verpflichtet, die anderen erkannten in der Niederlage den Anfang vom Ende.

Anhang

Danksagung

Ein solches Buch hat viele Väter und Mütter. Daher schulde ich jenen Dank, die es überhaupt ermöglicht, die es unterstützt und die es auf dem Weg zur Publikation begleitet haben.

Zuallererst gilt mein Dank den Gründervätern der Reihe »Kriege der Moderne«. Oberst Dr. Frank Hagemann und Dr. Peter Lieb haben die Idee der Reihe entwickelt und auch die Entstehung dieses Bandes von Anfang an so konstruktiv wie wohlwollend begleitet. Ebenso möchte ich den Kommandeur des ZMSBw, Kapitän zur See Dr. Jörg Hillmann, und den Leitenden Wissenschaftler, Prof. Dr. Michael Epkenhans, nennen, die das Gesamtprojekt sowie diesen Band gefördert und wissenschaftlich begleitet haben.

Große Unterstützung erfuhr ich wie immer durch meinen Freund und Kollegen Dr. Rüdiger Wenzke, der mir einmal mehr auch bei diesem Projekt mit Rat und Tat zur Seite stand. Ich danke dem Bundesarchiv-Militärarchiv Freiburg, besonders Cynthia Flohr, dem Militärhistorischen Museum und dem Deutsch-Russischen Museum für ihre Hilfe, ebenso Hans-Gunter Voigt und Dr. Jens Ebert, die Dokumente zur Illustration des Bandes bereitgestellt haben, und Christine Kösling-Säuberlich, die eine Vorauswahl von Bildmaterial erstellt hat. Ein wichtiger Prüfstein für die allgemeine Verständlichkeit meiner Manuskripte war wie immer meine liebe Frau Angelika, die das Manuskript mehrfach lesen ›durfte‹. Sie hat mir zudem mit Verständnis und Fürsorge die Zeit für das Schreiben des Buches eingeräumt, die weit über meine Dienstzeit hinausging.

Darüber hinaus gilt mein Dank dem Fachbereich Publikationen am ZMSBw, allen voran seinem Leiter Dr. Christian Adam. Er gehört nicht nur zu den Schöpfern der Reihe, sondern hat mit seinen Mitarbeiterinnen und Mitarbeitern maßgeblich zur Gestaltung des Bandes beigetragen. Bernd Nogli, Daniela Heinicke und Frank Schemmerling haben die Grafiken und Karten erstellt, Esther Geiger hat mit großem Einfühlungsvermögen die Fotos ausgewählt und die Bildrechte geklärt. Dr. Aleksandar-S. Vuletić hat weitere Hinweise für die inhaltliche und sprachliche Bearbeitung des Textes gegeben, sodass letztlich mit dem Zutun aller Genannten diese Publikation entstanden ist.

Zeittafel

1941

22. Juni	Unternehmen »Barbarossa« – deutscher Angriff auf die Sowjetunion in breiter Front
2. Oktober	Beginn der Operation »Taifun«, der Schlacht um Moskau; Niederlage der Wehrmacht vor Moskau
5. Dezember	Beginn der sowjetischen Gegenoffensive bei Moskau
8. Dezember	Hitler befiehlt der Wehrmacht im Osten den Übergang zur Verteidigung.

1942

2. März	Ende der sowjetischen Winteroffensive
15. März	Hitler prophezeit anlässlich des Heldengedenktages, dass die Sowjetunion bis zum Sommer 1942 vernichtet sei.
5. April	»Weisung Nr. 41«: Hitler bestimmt die Ziele der Sommeroffensive der Wehrmacht im Südabschnitt der Ostfront: Vorstoß bis zum Kaukasus und an die iranische Grenze, Eroberung des Erdölgebietes von Baku.
12. Mai	Beginn der sowjetischen Großoffensive zur Befreiung von Charkow. Am 17. Mai gehen die deutsche 17. Armee und die 1. Panzerarmee zum Gegenangriff über und kesseln starke Kräfte der Roten Armee ein.
28. Juni	Beginn der deutschen Sommeroffensive an der Ostfront (»Fall Blau«)
4. Juli	Nach dem Fall der Festung Sewastopol erobert die Wehrmacht die gesamte Krim.
8. Juli	Nach massivem Vordringen der Wehrmacht zwischen dem Donezbecken und dem Don beschließt das sowjetische Oberkommando den Rückzug der Roten Armee an die Wolga und in den Kaukasus.
23. Juli	»Weisung Nr. 45«: Hitler spaltet die deutsche Offensive in Heeresgruppe B in Richtung Stalingrad und Heeresgruppe A in den Kaukasus auf.

28. Juli	»Befehl Nr. 227«: Das sowjetische Oberkommando befiehlt der Stalingrad-Front: »Keinen Schritt zurück!«
7. August	General der Panzertruppen Paulus befiehlt der 6. Armee die Offensive auf Stalingrad. In der Kesselschlacht bei Kalatsch geraten 35 000 sowjetische Soldaten in Gefangenschaft.
9. August	Truppen der Heeresgruppe A erreichen die Ölfelder von Maikop.
23. August	Panzerverbände der Heeresgruppe B erreichen die Wolga nördlich von Stalingrad.
25. August	Für Stalingrad wird der Belagerungszustand ausgerufen.
10. September	Panzerverbände der Heeresgruppe B erreichen die Wolga südlich von Stalingrad.
3. September	Stoßtrupps des XIV. Panzerkorps der 6. Armee kämpfen sich bis auf 8 Kilometer an den Stadtkern von Stalingrad heran.
16. September – 18. November	Erbitterter Häuserkampf in Stalingrad
8. November	Zum Jahrestag des »Hitlerputsches« erklärt der Diktator im Münchner Bürgerbräukeller, dass er »Stalingrad schon hat«. Die 6. Armee hält 90 Prozent des Stadtgebiets besetzt.
17. November	Letzter deutscher Angriff bei Stalingrad
19. November	Die Rote Armee startet mit der Operation »Uranus« eine Umfassungsoffensive der 6. Armee.
21. November	1. Haltebefehl Hitlers für Stalingrad
23. November	260 000 deutsche und rumänische Soldaten werden im Kessel von Stalingrad eingeschlossen.
24. November	Auf die Bitte um »Handlungsfreiheit« des Oberbefehlshabers der 6. Armee Paulus antwortet Hitler mit dem kategorischen Verbot eines Ausbruchs aus dem Kessel.
25. November	Beginn der Luftversorgung der 6. Armee im Kessel durch das VIII. Fliegerkorps
12. Dezember	Beginn der deutschen Entsatzoffensive für die bei Stalingrad eingekesselte 6. Armee
16. Dezember	Russische Offensive gegen die italienische 8. Armee am mittleren Don

21. Dezember Der Entsatzversuch der Panzergruppe Hoth scheitert ca. 50 Kilometer vor dem Kessel.

28. Dezember Hitler ordnet nach starken Verlusten den Rückzug der Heeresgruppe A aus dem Kaukasus an.

1943

8. Januar Generaloberst Paulus lehnt das sowjetische Angebot zur Kapitulation der 6. Armee ab.

10. Januar Beginn der sowjetischen Offensive gegen den Kessel

25. Januar Spaltung des Kessels in einen Nord- und einen Südabschnitt

31. Januar Der Südkessel kapituliert unter Generalmajor Roske. Paulus begibt sich als Privatperson in Gefangenschaft.

2. Februar Der Nordkessel unter General Strecker kapituliert. Von den eingeschlossenen 280 000 deutschen Soldaten gehen 108 000 Mann in Gefangenschaft.

Generallegende für taktische Zeichen

Größenordnungszeichen

XXXXX	Heeresgruppe
XXXX	Armee/Panzergruppe
XXX	(Armee-)Korps
XX	Division

Abkürzungen

A.	Armee
finn.	finnisch
Gd.	Garde
Kav.	Kavallerie
mech.	mechanisiert
mot.	motorisiert
Pz.	Panzer-
Pz.Gr.	Panzergruppe
rum.	rumänisch

Taktische Zeichen – Nationalitäten

Sowjets Deutsche Italiener Rumänen

Anmerkungen

Um operationsgeschichtliche Abläufe möglichst verständlich und übersichtlich abzubilden, wurden alle Karten in diesem Band an die weithin geläufigen taktischen Zeichen der Bundeswehr (außer Kraft gesetzte Zentrale Dienstvorschrift 1/11) angelehnt.
In einzelnen Karten des Bandes weichen manche Schreibweisen russischer geografischer Namen von der heutigen Transkription gemäß Duden ab, da für die Schreibweisen die zeitgenössische deutsche Transkription zugrunde gelegt wurde.

Literaturhinweise

Adam, Wilhelm: Der schwere Entschluß. Berlin (Ost) 1965.

Diedrich, Torsten: Paulus – Das Trauma von Stalingrad. Eine Biographie. Paderborn u. a. 2008.

– / Ebert, Jens (Hrsg.): Nach Stalingrad. Walther von Seydlitz' Feldpostbriefe und Gefangenenpost 1939–1955. Göttingen 2018.

Ebert, Jens (Hrsg.): Feldpostbriefe aus Stalingrad, November 1942 bis Januar 1943. München 2006.

Epifanow, A. E. / Mayer, Hein: Die Tragödie der deutschen Kriegsgefangenen in Stalingrad von 1942 bis 1956 nach russischen Archivunterlagen. Osnabrück 1996.

Förster, Jürgen (Hrsg.): Stalingrad. Ereignis – Wirkung – Symbol. München/Zürich 1992.

Hartmann, Christian / Hürter, Johannes / Jureit, Ulrike: Verbrechen der Wehrmacht. Bilanz einer Debatte. München 2005.

Hellbeck, Jochen: Die Stalingrad-Protokolle. Sowjetische Augenzeugen berichten aus der Schlacht. Frankfurt am Main 2012.

Kehrig, Manfred: Stalingrad. Analysen und Dokumentationen einer Schlacht. Stuttgart 1979.

Manstein, Erich von: Verlorene Siege. Bonn 1955.

Militärisches Forschungsamt (Hrsg.): Das Deutsche Reich und der Zweite Weltkrieg. Bd. 4: Der Angriff auf die Sowjetunion. Stuttgart 1983.

– Das Deutsche Reich und der Zweite Weltkrieg. Bd. 6: Der Globale Krieg. Die Ausweitung zum Weltkrieg und der Wechsel der Initiative 1941–1943. Stuttgart 1990.

Müller, Rolf-Dieter: Der Feind steht im Osten. Hitlers geheime Pläne für einen Krieg gegen die Sowjetunion. Berlin 2011.

Römer, Felix: »Seid hart und unerbittlich ...«. Gefangenenerschießungen und Gewaltaktionen im deutsch-sowjetischen Krieg 1941/42. In: Sönke Neitzel / Daniel Hohrath (Hrsg.): Kriegsgreuel. Die Entgrenzung der Gewalt in kriegerischen Konflikten vom Mittelalter bis ins 20. Jahrhundert. Paderborn u. a. 2008. (Krieg in der Geschichte. 40.) S. 317–335.

Stalingrad. Katalog zur Ausstellung des Militärhistorischen Museums der Bundeswehr. Hrsg. von Gorch Pieken, Matthias Rogg und Jens Wehner. Dresden 2012.

Stalingrad erinnern. Stalingrad im deutschen und im russischen Gedächtnis. Katalog zur Ausstellung im Deutsch-Russischen Museum Berlin-Karlshorst. Berlin 2003.

Ueberschär, Gerd R. / Wette, Wolfram: Stalingrad. Mythos und Wirklichkeit einer Schlacht. Frankfurt 1992.

Weinert, Erich: Memento Stalingrad: Ein Frontnotizbuch. Berlin (Ost) 1953.

Wettstein, Adrian E.: Die Wehrmacht im Straßenkampf 1939–1942. Paderborn u. a. 2014. (Krieg in der Geschichte. 81.)

Abbildungsnachweis

akg-images: 17, 23, 44, 45 Sammlung Berliner Verlag / Archiv, 47, 56, 68 Sputnik, 72, 90, 93 Sammlung Berliner Verlag / Archiv, 95, 117 Pictures From History, 118 Sammlung Berliner Verlag / Archiv, 123, 126 George (Jürgen) Wittenstein, 131, 134, 141 Sammlung Foedrowitz, 145 Sammlung Berliner Verlag / Archiv, 148 Sputnik

Archiv Hans-Gunter Voigt: 147

Bundesarchiv: 62 Bild 168-240-001, 63 Bild-00216-018, 73 N 372/12, Bl. 27, 82 RH/20/6/242, Bl. 168, 87 RH/20/6/242, Bl. 16, 105 RH/20/6/238, Bl. 8-13, 108 Bild-00216-030, 109 RH 12/23/3324, Bl 161, 121 Bild-00216-049, 143 Bild-00216-029

bpk Bildagentur: 26, 29 Alinari Archives, 34 und 40 Siegfried Lauterwasser, 41 Arthur Grimm, 52, 97 Bayerische Staatsbibliothek / Heinrich Hoffmann, 101 Atelier Bieber / Nather, 103

ddp images: 74 (2) und 135 United Archives (Sovfoto / Universal Images Group)

Deutsches Historisches Museum, Berlin: 15, 92

Deutsch-Russisches Museum, Berlin-Karlshorst: 74 (1)

Militärhistorisches Museum der Bundeswehr, Dresden: 140 David Brandt

picture alliance: 7, 11 Everett Collection, 39 ullstein bild, 53, 69 RIA Nowosti, 112 CPA Media, 115, 136, 139 Claudia Thaler

Reuters: 124 David Mdzinarishvili

Sputnik images media liberay: 10, 60/61

Süddeutsche Zeitung Photo: 54, 129 Alfred Strobel

Süddeutsche Zeitung Photo / Scherl: 13, 22, 24, 30, 43, 59, 65, 67, 70, 88/89, 99, 111, 113, 125, 133

ullstein bild: 86, 106

Personenregister